Rudolf Steiner

Die Welt der Vögel

Rudolf Steiner **Die Welt der Vögel**

Ausgewählte Texte

Herausgegeben und kommentiert
von Hans-Christian Zehnter

RUDOLF STEINER
VERLAG

1. Auflage 2007
2. Auflage 2007

Einbandgestaltung	bbcommunication.ch
Umschlagfoto	bbcommunication.ch
Layout und Satz	Verlag
Schrift	FF DIN, Stempel Garamond, Linotype Syntax Sans
Papier	Cordier Werkdruck
Druck und Bindung	Druckhaus Nomos, Sinzheim

Printed in Germany
ISBN 978-3-7274-5375-5
www.rudolf-steiner.com

Inhalt

Vorwort

Weltweit gibt es knapp 10 000 Vogelarten. Das sind doppelt so viel wie es Säugetierarten auf der Welt gibt. Kaum eine andere Tiergruppe ist so einfach und eindeutig bestimmt: Alle Vögel sind durchweg befiedert und legen Eier.

Von kaum einer anderen Tiergruppe geht immer wieder eine solche Faszination aus; kaum eine Tiergruppe, die so intensiv erforscht wird wie die der Vögel; kaum eine Tiergruppe mit einer solch starken Lobby. – Warum eigentlich? Was macht die Vogelwelt in der Kultur- und Kunstgeschichte zu einer so symbolträchtigen Tiergruppe? Woher kommt das Erlebnis des Erhabenen im Anblick eines Adlers, woher das der Süße, der Anrührung in der Begegnung mit einem Singvogel? Hat das alles nur eine «subjektive» Bedeutung für uns Menschen, oder weisen solche Gegebenheiten bei näherer Betrachtung doch auf wesentliche, also «objektive» Aspekte der Vogelwelt hin? Deuten sie auf einen tieferen Grund dieser Welt des Vogels – auf seinen Urgrund?

So formuliert, ist die Frage nach der Abstammung, nach der Herkunft der Vogelwelt zugleich die Frage nach ihrem Wesen. Damit wird der Blick frei für die spezifische Erlebnisqualität in der Begegnung mit einem Vogel (im Unterschied etwa zu jener mit einem Säugetier oder mit einem Insekt). Und zugleich rückt damit die Frage nach der Rolle der Vögel für den Erdorganismus näher an uns heran.

Die vorliegende Zusammenstellung von Textstellen aus dem Werk Rudolf Steiners eröffnet Einsichten und Perspektiven zu solchen Fragen-Komplexen. Die Darstellungen mögen für die nächste konkrete Vogelbegegnung den Blick lenken und die Seele öffnen. Das Buch möchte zu einer vertieften und erweiterten, wesensgemäßen Anschauungs- und Auffassungsweise des Vogels beitragen. «Denn das, was uns in anthroposophischer Geisteswissenschaft entgegentritt, [...] will Anregung sein zu einem besonderen Anschauen der Welt.»

Des begrenzten Umfanges wegen mußte auf ein eigenes Kapitel zur «okkulten Symbolik des Vogelwesens» verzichtet werden.

Das Buch ist durch die ausgesprochen erfreuliche Zusammenarbeit mit Wolter Bos (Amsterdam) entstanden. Hierfür möchte ich ihm ausdrücklich meinen herzlichen Dank aussprechen.

Dank gilt auch der «GLS Treuhand e.V.» in Bochum, der «Sampo-Initiative zur Förderung anthroposophischer Forschung und Kunst» in Dornach sowie dem «Verein zur Förderung Anthroposophischer Institutionen» in Zug, die durch ihre finanzielle Unterstützung die Arbeit an diesem Buchprojekt erst möglich gemacht haben. Und nicht zuletzt möchte ich meiner lieben Frau danken für ihre ausdauernde und motivierende Stützung dieser Arbeit!

Hans-Christian Zehnter

Kapitel I: «Adler, Löwe, Stier, Mensch»

Der Hauptzug, der durch Rudolf Steiners Ausführungen zum Wesen des Vogels weht, spricht sich am besten in seiner Aussage aus: «Der Vogel [...] ist im Ganzen eigentlich ein Kopf». Kontext hiervon ist die Anschauung der Tierwelt mit dem – die Kulturgeschichte der Menschheit durchziehenden – Konzept des sogenannten «Viergetiers»: Adler, Löwe, Stier, Mensch. Erst mit diesem Konzept kann sich ein angemessenes Verständnis der Aussagen Rudolf Steiners zur Welt des Vogels ergeben.

Makrokosmos und Mikrokosmos

Adler, Löwe, Stier, Mensch – das Viergetier. Es steht zunächst für verschiedene Seiten unserer eigenen Seele. Mit «Adler» klingt das scharfe Denken an, mit «Löwe» die warme, mutige und strenge Größe des Herzens, mit «Stier» die willensbetonte Tat und schließlich mit «Mensch» die Perspektive einer Harmonisierung der drei vorgenannten Seeleneigenheiten. Diesen ausgleichenden Bereich der Seele suchen wir auf, sobald wir in der menschlichen Aufrechte unsere Selbstidentifikation finden wollen. Sie bewahrt uns vor der Vereinseitigung in eine der drei «Seelen-Tiere» und damit davor, «tierischer als jedes Tier zu sein».

Zugleich ist mit diesen vier Grundrichtungen eine übersinnliche Wesenswelt angesprochen, aus der – nach den Darstellungen Rudolf Steiners – sowohl die vier genannten Seelenseiten, als auch die um uns herum ausgebreitete Tierwelt hervorgehen (siehe insbesondere Kapitel II, IV und V). Und sobald wir uns beim Hinschauen auf unsere Seelenerlebnisse wie auch beim Hinschauen auf die Tierwelt dieses Ursprungs besinnen, begeben wir uns auf ein höheres Anschauungsniveau. Wir erheben uns auf der einen Seite über eine bloß gegenständliche Betrachtungsweise und auf der anderen Seite über eine bloß metaphorische Auffassung der Erfahrungswelt. Seelenerlebnis und Naturbetrachtung speisen sich aus einem gemeinsamen Quell und finden in der Hinorientierung der Seele auf diesen Quell in eins zusammen. Spreche ich vom Vogel, meine ich Kopf; spreche ich vom Kopf, meine ich zugleich Vogel. Auf diesem Erkenntniswege wird der Vogel im Ganzen zu einem Kopf. Und spreche ich vom «Viergetier», schaue ich sowohl auf die menschliche Seele als auch auf die in der Natur ausgebreitete Tierwelt. Wir sind bei einer imaginativ-inspirativen Naturanschauung angelangt, in der sich Makro- und Mikrokosmos, Natur und Mensch gegenseitig beleuchten. Dies ist ein typisches Moment im Werk Rudolf Steiners, das uns auch in seinen Darstellungen zum Wesen des Vogels immer wieder begegnet.

Wie wir beim Menschen von einer Individualseele sprechen, so sprechen wir beim Tier von einer Gruppenseele, und diese ist auf dem Astralplan zu finden. Nur daß nicht das einzelne Tier, das hier auf dem physischen Plan lebt, sondern die Gattung, alle Löwen, alle Tiger zusammen, ein Ich gemeinschaftlich haben, das Sie als Gruppenseele auf dem Astralplan zu suchen haben. So ist das, was hier vom Tier lebt, nur verständlich, wenn Sie es verfolgen können bis auf den Astralplan hinauf. Sie würden Stränge finden, die zum Beispiel von den Löwen ausgehen und sich im Astralplan vereinigen zu dem gemeinsamen Gruppen-Ich der hier auf der Erde lebenden Löwenindividuen.

So wie der Mensch ein individuelles Ich hat, so lebt auch in jedem Astralleib etwas von einem Gruppen-Ich. Dieses Tier-Ich lebt im menschlichen Astralleib, und dann erst wird der Mensch unabhängig von diesem Tier-Ich, wenn er astral sehend wird, ein Genosse wird der astralen Wesenheiten, wenn ihm die Gruppenseelen der Tiere auf dem Astralplan begegnen wie hier die einzelnen Tierwesen. Dort wandern Wesen herum, die nur zersplittert herunterkommen können als so und so viele Tiere auf den physischen Plan. Beim Ablauf ihres Lebens kommen sie wieder dazu, sich mit dem übrigen Teil dieser Wesenheit auf dem Astralplan zu vereinigen. Eine ganze Tiergruppe ist oben auf dem Astralplan ein Wesen, mit dem man reden kann wie mit einem einzelnen Individuum hier.

Die Thematik der sogenannten Gruppen-Seele bzw. des sogenannten Gruppen-Ich wird im Zusammenhang mit dem Vogelzug ausführlicher in Kapitel V wieder aufgenommen.

Vom Menschen ausgehen – künstlerische Betrachtungsweise

Immer wieder betont Rudolf Steiner, daß wir erst dann zu einer wesensgemäßen Naturanschauung kommen werden, wenn wir die naturwissenschaftliche Beobachtungsweise durch eine künstlerische Auffassungsgabe bereichern. Gleich zu Anfang des ersten Vortrages aus *Der Mensch als Zusammenklang des schaffenden, bildenden und gestaltenden Weltenwortes* (GA 230) – die zentrale Vortragsreihe in dieser Zusammenstellung zur «Welt der Vögel» – hebt Rudolf Steiner hervor:

Und darauf habe ich schon öfter aufmerksam gemacht, daß, wenn man die Welt eigentlich wirklich kennenlernen will, man bei dem intellektualistischen Begreifen nicht stehenbleiben kann, daß das Intellektualistische allmählich hinübergleiten muß in das künstlerische Auffassen der Welt.

Und am Schluß dieses Vortrages faßt er nochmals zusammen:

Nicht nur logisch muß man den Menschen betrachten können, sondern in einem Sinne, der niemals ohne das Überführen des Intellektualismus in das Künstlerische der Welt zu erreichen ist. Dann aber, wenn Sie vom Intellektualistischen gewissermaßen die Metamorphose vollziehen können ins künstlerische Erfassen und das Künstlerische als Erkenntnisprinzip ausbilden können, dann finden Sie das, was im Menschen auf eine menschliche Art, nicht auf eine naturhafte Art lebt, im Makrokosmos draußen, in der großen Welt. Dann finden Sie die Verwandtschaft des Menschen mit der großen Welt in einem wahrhaften Sinne.

Ausgangspunkt hierbei ist der Mensch. In seiner Erlebnisbegabung offenbart sich der Wesensgehalt der Natur. Damit knüpft Rudolf Steiner unmittelbar an die Naturanschauung Goethes an. In seinen Ausführungen zu «Goethes Weltanschauung in seinen Sprüchen in Prosa» schreibt Rudolf Steiner:

Der Mensch muß die Dinge aus seinem Geiste sprechen lassen, wenn er ihr Wesen erkennen will. Alles, was er über dieses Wesen zu sagen hat, ist den geistigen Erlebnissen seines Innern entlehnt. Nur von sich aus kann der Mensch die Welt beurteilen. Er muß anthropomorphisch denken. In die einfachste Erscheinung, z. B. in den Stoß zweier Körper bringt man einen Anthropomorphismus hinein, wenn man sich darüber ausspricht. Das Urteil: «Der eine Körper stößt den andern», ist bereits anthropomorphisch. [...] Man vermenschlicht die Natur, wenn man sie erklärt, man legt die inneren Erlebnisse des Menschen in sie hinein. Aber diese subjektiven Erlebnisse sind das innere Wesen der Dinge. Und man kann daher nicht sagen, daß der Mensch die objektive Wahrheit, das «An sich» der Dinge nicht erkenne, weil er sich nur subjektive Vorstellungen über sie machen kann. Von einer andern als einer subjektiven menschlichen Wahrheit kann gar nicht die Rede sein. Denn Wahrheit ist das Hineinlegen subjektiver Erlebnisse in den objektiven Erscheinungszusammenhang.

Die menschliche Innenwelt ist das Innere der Natur.

> Betrachten wir hierzu beispielhaft Vortrags-Ausführungen Rudolf Steiners im Kontext des «Viergetiers». Hierbei wird deutlich, wie selbstverständlich Rudolf Steiner an das eigene Harmonie-Gefühl, an die eigene musikalische und plastische Erlebnisfähigkeit anknüpft, um durch «Verschiebungen» im eigenen beobachtenden und künstlerischen Erleben die spezifische «Seelenlage» der verschiedenen Tiergruppen zu erfassen. Man kann ja sehr gut innerlich nachbilden, welche Ausprägung, die eigene Seele annimmt, wenn sie beginnt, sich in dieser oder jener Richtung einseitig auszubilden. Rudolf Steiner führt diese Betrachtungsweise sogar so weit, daß sich die verschiedenen *leiblichen* Ausformungen der Tiere zu erklären beginnen. Die ganze Physiognomie der Tierwelt wird zu einer «okkulten Schrift», die es gilt, entziffern zu lernen.

Und hat man [...] den Menschen selber angesehen wie ein inneres wunderbar organisiertes Musikinstrument, [...] dann ergibt sich daraus wiederum ein weiteres Verständnis für das ganze Verhältnis des Menschen zur Welt. [...] Dann wird man finden, wie es doch in der alten instinktiven Weisheit einen tiefen Sinn hatte, den Menschen vorzustellen wie einen synthetischen Zusammenfluß von vier Wesenheiten, drei niederen und einer höheren: Löwe, Stier, Adler, Engel – der Mensch. Denn dasjenige, was der Stier ist, ist die einseitige Ausbildung der niedrigsten Kräfte der Menschennatur. Wenn man sich denkt, daß alles, was der Mensch in seinem Verdauungs- und Gliedmaßensystem an Kräften hat, nicht ein Gegengewicht, Gegenkräfte hat an dem Kopfsystem, an dem rhythmischen System, wenn man sich das einseitige Schwergewicht auf dem Stoffwechsel-Gliedmaßensystem liegend denkt, dann bekommt man die einseitige Bildung, wie sie sich uns entgegenstellt bei dem Rinde. So daß man sich vorstellen kann, wenn dieses Rind gemildert wäre durch ein menschliches Hauptessystem, so würde sich das, was in ihm ist, so ausbilden wie der Mensch selber. Wird aber einseitig durch Verkürzung des Darmsystems und durch ein Zurückbleiben des Kopfsystems das rhythmische System ausgebildet, das System des mittleren Menschen, so bekommt man in der Tat ein einseitiges Bild davon in der Löwennatur. Und wird einseitig das Kopfsystem ausgebildet, so daß das, was sonst in unserem Kopf an Kräften im Inneren vorhanden ist, nach außen schießt in die Federn, dann bekommt man die Vogel- oder Adlernatur. Und wenn man sich die Kräfte, die diese drei zu einer Einheit zusammenklingen lassen, so denkt, daß sie sich eben als Einheit auch äußerlich offenbaren können, wenn man sich das engelhafte Vierte dazu vorstellt, dann bekommt man die synthetische Einheit der drei, den Menschen. Das ist schematisch vorgestellt, aber es gibt eine Einsicht in die Art und Weise, wie der Mensch sich zu seiner tierischen Umgebung verhält, und er verhält sich so nicht bloß zum Stier, Adler, Löwen, er verhält sich so zu den gesamten Tierformen, die auf der Erde ausgebreitet sind. Und in jeder einzelnen Tierform können wir eine einseitige Ausbildung eines gewissen Organsystems des Menschen finden. Solche Dinge lebten in der alten instinktiven Weisheit.

Wie es naheliegt, das menschliche Antlitz als Ausdruck, als Physiognomie seiner Seele zu sehen, so kann man auch die ganze äußere Natur nicht nur so ansehen, wie sie sich gewöhnlich zeigt, sondern man kann sie als Physiognomie ansehen für das, was dahinter als geistige Wesenheiten steht. Und da ist es gut, als Physiognomie der Natur anzuschauen die ganze Tierwelt.

Nun bedarf es allerdings eines weiteren Gemütsstudiums, um in den Tieren nicht dasjenige zu sehen, was man gewöhnlich sieht, sondern etwas zu sehen, was man so schildern kann: Da fliegt der Adler in der Luft und erhebt sich zur Sonne hin; das ist die Richtung nach aufwärts, in die Höhe, in die geistigen Welten. Ich will den Adler betrachten als das Symbolum des Sich-Erhebens in die geistigen Welten. Ich sehe hinter der menschlichen Hirnschale die Gedanken, die ahnungsvoll, adlerartig emporstreben in die geistigen Welten. Ich sehe, wie sich dieses Emporstreben im aufwärtssteigenden Adler ausdrückt, so wie sich die menschliche Seele ausdrückt in der Physiognomie. Der Adler gehört zur Physiognomie der äußeren Natur. Ich empfinde im aufwärts fliegenden Adler etwas, was so anmutet wie die Stirn in der menschlichen Physiognomie.

Ich schaue mir den Stier an, der wiederkäuend daliegt, an die physische Natur, an die irdische Materie gebunden, wie er sozusagen in seinem Element nur dann in Wirklichkeit lebt, wenn er ganz aufgeht im Verdauen, wie er verbunden bleibt in seinen ganzen Lebensprozessen mit dem, was er der Erde entnimmt. Erdenschwer erscheint er mir. Ich blicke auf den Menschen und fühle im Geiste: da ist auch etwas Erdenschweres, aber es wird durch das Adlerhafte im Gleichgewicht gehalten. Das Stierhafte kommt nicht auf. Ich empfinde, wie das Stierhafte dem Menschen innewohnt; aber es kommt nicht so auf, wie mir draußen das Stierhafte entgegentritt. Physiognomisch wird für den Menschen das Stierhafte, Erdenschwere der äußeren Natur.

Ebenso ist es mit dem Löwenhaften. Physiognomisch ist das Herz des Menschen dasjenige, was der Löwe in der äußeren Natur ist. Und so kann es für die ganze höhere und niedere Tierwelt werden. Ein Abbild, ein Symbolum haben diejenigen uns gegeben, die auf das menschliche Seelenwesen bezogen haben Adler, Stier und Löwe. Sie haben versucht, das zu lesen, was für uns aufgeschrieben ist in der äußeren Tierwelt, und aus ihr zu vernehmen, in einzelne Lettern, einzelne Buchstaben getrennt, dasjenige, was im Menschen zusammen erlebt wird. Kurz, man könnte sagen: Die Physiognomie der Natur ist die Tierwelt.

Es dürfte nachvollziehbar geworden sein, daß eine Naturanschauung, die die Seele des Beobachters als Erkenntnisinstrument ausbildet, immer auch zu Selbsterkenntnissen führt: In der Natur zeigt sich sinnlich anschaulich ausgebreitet, was der Mensch im eigenen Seeleninnern mit sich selbst auszumachen hat. Im Folgenden sind die wichtigsten von Rudolf Steiner dem Viergetier zugeordneten Eigenschaften zusammengefaßt:

Adler:	Kopf – Denken – Bewußtseinsseele – Johannes
Löwe:	Brustbereich – Fühlen – Empfindungsseele – Markus
Stier:	Stoffwechsel- / Gliedmaßenbereich – Wollen – Verstandesseele – Lukas
Mensch:	Harmonisierender Ausgleich– Matthäus

Kapitel II: Der Vogel ist im Ganzen eigentlich ein Kopf

Im Zentrum dieses Kapitels wird der – an Betrachtungen zum Vogelwesen überreiche – Vortragszyklus *Der Mensch als Zusammenklang des schaffenden, bildenden und gestaltenden Weltenwortes* (GA 230) stehen. Dieser Titel ist geradezu programmatisch: Durch den betrachtenden, besinnenden Blick in die Natur wird das Verständnis des *Menschenwesens* vertieft: Der Mensch als Zusammenklang all dessen, was sich in den Naturwesen schaffend offenbart. Dabei ergibt sich rückbezüglich auch ein vertieftes Verständnis von den *Naturwesenheiten*.

Rudolf Steiner geht hierfür wiederum vom sogenannten «Viergetier» aus (Adler, Löwe, Stier und Mensch; siehe auch Kap. I). Dabei wird man regelrecht überschüttet von weiteren erstaunlichen und teils erschütternden Ausführungen zur Vogelnatur und deren Bedeutung für Mensch, Erde und Kosmos:

- Die Vogelwelt bildet eine Art Vorstellungs-/Gedanken-Corona um die Erde.
- Durch die Vögel schaut der Himmel die Erde an.
- Die Federn sind das physische Abbild dessen, was beim Menschen die Gedanken sind.
- Vögel sind Wesen von Luft, Licht und Wärme; ihr Leib ist ihnen Ballast.
- Vögel erinnern uns Menschen an Engelwesen, mit denen wir vor der Geburt zusammenleben.
- Vögel begleiten den Menschen aus den Himmelsweiten zur Geburt auf die Erde nieder.
- Die Vögel bilden eine der ältesten Tiergruppen.

Im Verlauf der Vorträge schildert Rudolf Steiner, auf welcher planetarischen Stufe der Weltentwicklung welche Tiergruppe entsteht beziehungsweise, wann Kopf, Brust und Gliedmaßenbereich des Menschen gebildet werden. Hierdurch ergibt sich eine gewisse Variation von der klassischen «Viergetier-Zuordnung»:

«Klassische» Zuordnung:

Vogel:	Kopf bzw. Nerven-Sinnes-Pol
Löwe:	Brust bzw. Rhythmisches System
Stier:	Stoffwechsel-Gliedmaßen-Pol
Mensch:	Harmonischer Zusammenklang

Zuordnung im Vortrag vom 28. Oktober 1923 aus GA 230:

Schmetterling: Saturn: Kopf

Vogel. Löwe: Sonne: Kopf – Brust

Kuh. Reptilien, Amphibien. Fische: Mond: Kopf – Brust – Unterleib

Der Schmetterling entsteht also zeitgleich mit der Kopfanlage des Menschen, Vogel und Löwe werden auf dem Sonnenzustand hervorgebracht, also auf der Stufe, auf der die Brustorgane des Menschen veranlagt werden, und auch Amphibien, Fische und Reptilien finden – zusammen mit den Wiederkäuern – ihren Platz, indem sie der Anlage des Stoffwechsel-Gliedmaßen-Menschen auf der Mond-Stufe zugeordnet werden.

Zusätzlich ergänzt Rudolf Steiner in diesen auch gerne «Schmetterlingszyklus» genannten Vorträgen die «Systematik» des «Viergetiers» mit der weiteren Auffächerung des «Fluggetiers» in Vögel, Schmetterlinge und Fledermäuse (Schmetterlinge und Vögel stehen dabei in einer geradezu geschwisterlichen Nähe zueinander). Auf diese Weise werden vier Gruppen im Tierreich unterschieden: Tiere (Löwe, Stier), Vögel, Insekten (Schmetterlinge) und Fledermäuse – eine Ordnung, die dem intuitiven (und dem kindlichen) Verständnis unmittelbar einzuleuchten vermag. Der «Mensch» ergibt sich schließlich aus dem harmonischen «Zusammenklang des schaffenden, bildenden und gestaltenden Weltenwortes» in der Erdennatur.

Kopf = Vogel, Löwe, Stier

Es ist in unseren Betrachtungen öfter gesagt worden und spielte auch in den letzten Vorträgen über den Jahreslauf und das Michael-Problem eine gewisse Rolle, daß der Mensch in seinem ganzen Bau, in seinen Lebensverhältnissen, eigentlich in allem, was er ist, eine kleine Welt darstellt, einen Mikrokosmos gegenüber dem Makrokosmos, daß er wirklich in sich enthält alle Gesetzmäßigkeit der Welt, alle Geheimnisse der Welt. Nur müssen Sie sich nicht vorstellen, daß das vollständige Verstehen dieses ja ganz abstrakten Satzes ein einfaches ist. Man muß schon sozusagen in die Mannigfaltigkeit der Weltengeheimnisse eindringen, um dann diese Geheimnisse im Menschen wiederzufinden.

Nun wollen wir heute einmal diese Sache so betrachten, daß wir auf der einen Seite von gewissen Ausgangspunkten aus uns die Welt anschauen und dann den Menschen anschauen, um zu finden, wie der Mensch als eine kleine Welt in der großen Welt darinnen ist. Natürlich ist dasjenige, was man von der großen Welt sagen kann, ja immer ein kleiner Ausschnitt. Es kann nie ein Vollständiges darstellen, sonst müßte man in der Betrachtung wenigstens die ganze Welt durchwandeln.

Sehen wir zuerst einmal hin auf dasjenige, was sich uns am allernächsten Oberen, wenn ich so sagen darf, darstellt. Sehen wir auf diejenige menschliche Umgebung, die in der Tierreihe das Leben sozusagen in den Lüften hat, und zwar diejenige Klasse, welche in der auffallendsten Art das Leben in den Lüften hat: das ist das Vogelgeschlecht.

Es kann einem nicht entgehen, daß der Vogel, der in den Lüften wohnt, der aus den Lüften seine Daseinsbedingungen schöpft, als Tier wesentlich anders gebaut ist als die Tiere, die unmittelbar über dem Erdboden wohnen, oder die etwa gar unter dem Erdboden wohnen. Und wenn wir hinschauen auf das Vogelgeschlecht, so finden wir uns natürlich nach allgemeinen, menschlich üblichen Ansichten genötigt, beim Vogel auch von Kopf und Gliedmaßen und dergleichen zu sprechen. Aber das ist eigentlich im Grunde eine recht unkünstlerische Betrachtungsweise. Und darauf habe ich schon öfter aufmerksam gemacht, daß, wenn man die Welt eigentlich wirklich kennenlernen will, man bei dem intellektualistischen Begreifen nicht stehenbleiben kann, daß das Intellektualistische allmählich hinübergleiten muß in das künstlerische Auffassen der Welt.

Nun, da werden Sie doch nicht den wirklich im Verhältnis zum Haupte, zum Kopfe der anderen Tiere doch außerordentlich verkrüppelten sogenannten Vogelkopf als einen wirklichen Kopf auffassen. Gewiß, äußerlich intellektualistisch betrachtet, kann man sagen: Der Vogel hat einen Kopf, einen Rumpf, der Vogel hat Gliedmaßen. Aber bedenken Sie, wie verkümmert, sagen wir zum Beispiel in bezug auf die Beine eines Kamels oder eines Elefanten die Vogelbeine sind, und wie verkümmert gegenüber meinetwillen dem Haupte eines Löwen, eines Hundes, der Vogelkopf ist. Es ist fast gar nichts Ordentliches darinnen in einem solchen Vogelkopf; es ist eigentlich im Grunde genommen kaum mehr darinnen als das, was beim Hund oder meinetwillen beim Elefanten oder bei der Katze die vordere Maulpartie ist. Ich möchte sagen, ein wenig komplizierter die Mundpartie eines Säugetieres, das ist der Vogelkopf. Und was die Gliedmaßen eines Säugetieres sind, das ist ja vollständig verkümmert beim Vogel. Gewiß, eine unkünstlerische Betrachtungsweise spricht einfach davon, die vorderen Gliedmaßen seien zu Flügeln umgestaltet. Aber das alles ist eben durchaus unkünstlerische Anschauung, unimaginative Anschauung. Will man die Natur wirklich verstehen, will man in den Kosmos wirklich eindringen, so muß man die Dinge schon tiefer, vor allen Dingen in ihren Gestaltungs- und Bildungskräften betrachten.

Die Anschauung, daß einfach der Vogel auch einen Kopf und Rumpf und Gliedmaßen habe, führt niemals dazu, zum Beispiel die Anschauung des Ätherleibes eines Vogels wirklich begreifen zu können. Denn geht man über durch imaginative Anschauung von dem Sehen dessen, was am Vogel physisch ist, zu dem, was am Vogel ätherisch ist, so hat man eben im ätherischen Vogel nur einen Kopf. Vom ätherischen Vogel aus ist der Vogel nur Kopf; vom ätherischen Vogel aus begreift man sogleich, daß der Vogel sich nicht vergleichen läßt mit Kopf, Rumpf und Gliedmaßen anderer Tiere, sondern daß er aufzufassen ist als ein bloßer Kopf, der eben umgestaltet ist, der als Kopf umgestaltet ist. So daß der eigentliche Vogelkopf nur Gaumen und die vorderen Partien, die Mundpartien darstellt, und dasjenige, was weiter nach rückwärts geht, alle die rippenähnlich und rückgratähnlich aussehenden Teile des Skeletts, das ist anzusehen als zwar metamorphosierter, umgestalteter, aber doch als Kopf. Der ganze Vogel ist eigentlich Kopf. Das rührt davon her, daß in der Tat, wenn wir einen Vogel verstehen wollen, wir sehr, sehr weit zurückgehen müssen in der Erden-, in der planetarischen Erdenentwicklung.

Der Vogel hat eine lange planetarische Geschichte hinter sich. Der Vogel hat eine viel längere planetarische Geschichte hinter sich als zum Beispiel, sagen wir das Kamel. Das Kamel ist ein viel später entstandenes Tier als jeglicher Vogel. Diejenigen Vögel, die zur Erde niedergezwungen sind wie der Strauß, das sind die spätest entstandenen Vögel. Diejenigen Vögel, die frei in den Lüften wohnen, Adler, Geier, sind sehr alte Erdentiere. Während sie in früheren Erdperioden, Mondperioden, Sonnenperioden eben durchaus noch alles das an sich hatten, was dann in sie übergegangen ist von innen nach auswärts bis zur Haut, hat sich später im Vogelgeschlecht im wesentlichen das ausgebildet, was Sie heute in den Federn sehen, was Sie im hornigen Schnabel sehen. Das Äußere des Vogels ist späteren Ursprungs, ist dadurch gekommen, daß der Vogel seine Kopfnatur verhältnismäßig früh ausgebildet hat, und unter den Bedingungen, in die er dann in späteren Zeiten der Erdenentwicklung hineingekommen ist, konnte er nur noch außen dasjenige hinzufügen, was in seinem Gefieder liegt. Dieses Gefieder ist dem Vogel zum Beispiel vom Mond und der Erde gegeben worden, während er seine übrige Natur aus viel früheren Zeiten hat.

Aber die Sache hat noch eine viel tiefere Seite. Schauen wir uns einmal den Vogel in den Lüften, sagen wir, den majestätisch dahinfliegenden Adler an, dem gewissermaßen wie ein äußeres Gnadengeschenk die Sonnenstrahlen mit ihrer Wirkung sein Gefieder gegeben haben – ich werde die anderen Wirkungen noch nennen –, seinen hornigen Schnabel gegeben haben; schauen wir uns diesen Adler an, wie er in den Lüften fliegt. Da wirken auf ihn gewisse Kräfte. Die Sonne hat nicht nur jene physischen Licht- und Wärmekräfte, von denen wir gewöhnlich sprechen. Ich habe Sie aufmerksam gemacht damals, als ich über die Druidenmysterien sprach, daß von der Sonne auch geistige Kräfte ausgehen. Auf diese geistigen

Kräfte müssen wir hinschauen. Sie sind es, welche den verschiedenen Vogelgeschlechtern ihre Vielfarbigkeit, die besondere Gestaltung ihres Gefieders geben. Wir begreifen, wenn wir dasjenige, was die Sonnenwirkungen sind, geistig durchschauen, warum der Adler gerade sein Gefieder hat.

Dann, wenn wir uns so richtig versenken in diese Adlernatur, wenn wir verstehen, inneres künstlerisches Naturverständnis zu entwickeln, welches das Geistige mitenthält, wenn wir hinschauen können, wie künstlerisch herausgebildet wird aus den Sonnenimpulsen, die verstärkt sind durch andere Impulse, die ich nachher nennen werde, wenn wir das sehen, wie gleichsam diese Sonnenimpulse hinfluten über den Adler, schon bevor er aus dem Ei gekrochen ist, wie sie das Gefieder herauszaubern oder eigentlich, besser gesagt, hineinzaubern in seine Fleischesgestalt, und uns dann fragen: Was bedeutet denn das für den Menschen? – Ja, das bedeutet für den Menschen dasjenige, was sein Gehirn zum Träger der Gedanken macht. Und Sie sehen richtig hin in den Makrokosmos, in die große Natur, wenn Sie den Adler so ansehen, daß Sie sagen: Der Adler hat sein Gefieder, seine vielfarbigen, bunten Federn; in denen lebt dieselbe Kraft, die in dir lebt, indem sie dein Gehirn zum Gedankenträger macht. Dasjenige, was dein Gehirn faltet, was dein Gehirn fähig macht, jene innere Salzkraft aufzunehmen, die die Grundlage des Denkens ist, was dein Gehirn überhaupt dazu macht, dich zu einem Denker zu bilden, das ist dieselbe Kraft, die dem Adler in den Lüften sein Gefieder gibt. – So fühlen wir uns verwandt, indem wir denken, gewissermaßen den menschlichen Ersatz in uns fühlend für das Adlergefieder; unsere Gedanken strömen von dem Gehirn so aus, wie ausfluten von dem Adler die Federn.

Wenn wir von dem physischen Niveau heraufgehen in das astralische Niveau, dann müssen wir den paradoxen

Satz aussprechen: Auf dem physischen Plan bewirken dieselben Kräfte die Federnbildung, die auf dem astralischen Plan die Gedankenbildung bewirken. Die Federnbildung geben sie dem Adler; das ist der physische Aspekt der Gedankenbildung. Dem Menschen geben sie die Gedanken; das ist der astralische Aspekt der Federnbildung. Solche Dinge liegen manchmal in einer wunderbaren Weise im Genius der Volkssprache ausgedrückt. Wenn man eine Feder oben abschneidet und herausnimmt das, was da drinnen ist, so nennt das Volk das die Seele. Gewiß werden manche eine äußerliche Bezeichnung in diesem Namen Seele sehen. Es ist keine äußere Bezeichnung, sondern eine Feder enthält für denjenigen, der die Sache durchschaut, etwas Ungeheures: sie enthält das Geheimnis der Gedankenbildung.

Sehen wir jetzt weg von dem Adler, der in den Lüften wohnt, sehen wir, um wieder einen Repräsentanten zu haben, ein solches Säugetier wie den Löwen an. Man kann eigentlich den Löwen nur verstehen, wenn man ein Gefühl dafür entwickelt, welche Freude, welche innere Befriedigung der Löwe hat, mit seiner Umgebung zu leben. Es gibt eigentlich kein Tier, welches nicht löwenverwandt ist, das eine so wundervolle, geheimnisvolle Atmung hat. Es müssen überall beim tierischen Wesen die Atmungsrhythmen zusammenstimmen mit den Zirkulationsrhythmen, nur daß die Zirkulationsrhythmen schwer werden durch den an ihnen hängenden Verdauungsapparat, die Atmungsrhythmen leicht werden dadurch, daß sie anstreben, hinauf in die Leichtigkeit der Gehirnbildungen zu kommen. Es ist beim Vogel so, daß dasjenige, was in seinem Atmen lebt, eigentlich zugleich in seinem Kopfe lebt. Der Vogel ist ganz Kopf, und er trägt sozusagen den Kopf äußerlich für die Welt hin. Seine Gedanken sind die Formen seines Gefieders. Es gibt eigentlich für ein richtiges Naturgefühl, das in Schönheit leben kann, nichts Rührenderes, als die innige Verwandtschaft dessen zu fühlen, was Menschengedanke ist, wenn er so ganz konkret wird, wenn er so ganz innerlich lebendig wird, mit einem Vogelgefieder. Derjenige, der in solchen Dingen eine innere Praxis hat, der weiß ganz genau, wann er pfauenmäßig denkt und wann er adlermäßig denkt und wann er spatzenhaft denkt. Die Dinge sind durchaus so, daß mit Ausnahme davon, daß das eine astralisch, das andere physisch ist, sich die Dinge in einer wunderbaren Art entsprechen. Es ist so. So daß man sagen kann: Der Vogel hat ein so überwiegendes Leben in der Atmung, daß das andere, Blutzirkulation und so weiter, fast verschwindet. Alle Schwere der Verdauung, ja selbst die Schwere der Blutzirkulation ist eigentlich von dem In-sich-Fühlen beim Vogel weggefegt, ist nicht da.

Beim Löwen ist das so, daß eine Art von Gleichgewicht besteht zwischen dem Atmen und der Blutzirkulation. Allerdings, die Blutzirkulation wird auch beim Löwen schwer gemacht, aber nicht so schwer wie, sagen wir bei dem Kamel oder bei dem Rind. Da ist die Verdauung etwas, was die Blutzirkulation ungemein belastet. Beim Löwen, der einen verhältnismäßig sehr kurzen Verdauungsapparat hat und der ganz so gebaut ist, daß die Verdauung auch möglichst schnell sich vollzieht, ist das so, daß die Verdauung keine starke Belastung ist für die Zirkulation. Dagegen ist es wiederum so, daß nach der anderen Seite im Löwenkopf eine solche Entfaltung des Kopfmäßigen ist, daß die Atmung im Gleichgewichte mit dem Zirkulationsrhythmus gehalten ist. Der Löwe ist dasjenige Tier, das am allermeisten einen inneren Rhythmus des Atmens und einen Rhythmus des Herzschlages hat, die sich innerlich die Waage halten, die sich innerlich harmonisieren. Der Löwe hat deshalb auch, wenn wir, ich möchte sagen, auf sein subjektives Leben eingehen, diese eigentümliche Art, mit einer schier unbegrenzten Gier

seine Nahrung zu verschlingen, weil er eigentlich froh ist, wenn er sie drunten hat. Er ist gierig auf die Nahrung, weil ihm natürlich der Hunger viel mehr Pein macht als einem anderen Tiere; er ist gierig auf die Nahrung, aber er ist nicht versessen darauf, ein besonderer Gourmand zu sein. Er ist gar nicht darauf versessen, viel zu schmecken, weil er ein Tier ist, das seine innere Befriedigung aus dem Gleichmaß von Atmung und Blutzirkulation hat. Erst wenn der Fraß beim Löwen übergegangen ist in das Blut, das den Herzschlag reguliert, und dieser Herzschlag in ein Wechselverhältnis kommt mit der Atmung, an der der Löwe wieder seine Freude hat, indem er den Atmungsstrom mit einer tiefen inneren Befriedigung in sich hereinnimmt, erst dann, wenn er in sich fühlt die Folge des Fraßes, dieses innere Gleichgewicht zwischen Atmung und Blutzirkulation, dann lebt der Löwe in seinem Elemente. Er lebt eigentlich ganz als Löwe, wenn er die tiefe innere Befriedigung hat, daß ihm sein Blut heraufschlägt, daß ihm seine Atmung hinunterpulsiert. Und in diesem gegenseitigen Berühren zweier Wellenschläge lebt der Löwe.
Sehen Sie sich ihn an, diesen Löwen, wie er läuft, wie er springt, wie er seinen Kopf hält, selbst wie er blickt, so werden Sie sehen, daß das alles zurückführt auf ein fortwährendes rhythmisches Wechselspiel von etwas Aus-dem-Gleichgewicht-Kommen und wieder Ins-Gleichgewicht-Kommen. Es gibt vielleicht kaum etwas, was so geheimnisvoll einen anmuten kann als dieser merkwürdige Löwenblick, der so viel aus sich herausschaut, der herausschaut aus sich etwas von innerlicher Bewältigung, von Bewältigung von entgegengesetzt Wirksamem. Das ist dasjenige, was der Löwenblick nach außen schaut: diese Bewältigung des Herzschlages durch den Atmungsrhythmus in einer schier ganz vollkommenen Weise.

Und wiederum, wer Sinn für künstlerische Auffassung von Gestaltungen hat, der schaue sich das Maul des

Löwen an, diesen Bau im Maul des Löwen, der so zeigt: der Herzschlag pulsiert herauf bis zu diesem Maul, aber die Atmung hält ihn zurück. Wenn Sie sich dieses Gegenseitig-sich-Berühren von Herzschlag und Atmung ausmalen, so kommen Sie auf das Löwenmaul.

Der Löwe ist eben ganz Brustorgan. Er ist wirklich das Tier, welches in seiner äußeren Gestalt, in seiner Lebensweise das rhythmische System ganz zum Ausdrucke bringt. Der Löwe ist so organisiert, daß sich dieses Wechselspiel von Herzschlag und Atmen auch in dem gegenseitigen Verhältnis von seinem Herzen und seiner Lunge zum Ausdrucke bringt.

So daß wir wirklich sagen müssen: Wenn wir am Menschen etwas suchen, was dem Vogel am ähnlichsten ist, was nur metamorphosiert ist, so ist es der Menschenkopf; wenn wir am Menschen etwas suchen, was dem Löwen am ähnlichsten ist, so ist es die menschliche Brustgegend, da, wo die Rhythmen sich begegnen, die Rhythmen der Zirkulation und der Atmung.

Und jetzt lenken wir den Blick ab von alledem, was sich uns darbietet oben in den Lüften als das Vogelgeschlecht; was eigentlich, weil es in der Luft, die in der unmittelbaren Umgebung der Erde ist, mit dem Luftkreislauf lebt wie im Löwen; sehen wir uns das Rind an. Ich habe schon öfter in anderen Zusammenhängen darauf hingewiesen, wie reizvoll es ist, eine gesättigte Herde, hingelagert auf der Weide, zu betrachten, dieses Geschäft des Verdauens zu beobachten, das sich in der Lage wiederum, in dem Augenausdruck, in jeder Bewegung ausdrückt. Versuchen Sie es einmal, eine Kuh, die auf der Weide liegt, anzuschauen, wenn meinetwillen etwas da oder dort irgendein Geräusch gab. Es ist ja so wunderbar, zu sehen, wie die Kuh den Kopf hebt, wie in diesem Heben das Gefühl liegt, daß das alles schwer ist, daß man den Kopf nicht leicht heben kann, wie ein ganz Besonderes noch da drinnen liegt. Man kann, wenn man eine Kuh so in einer Störung auf der Weide den Kopf hochheben sieht, auf nichts anderes kommen, als sich sagen: Diese Kuh ist erstaunt darüber, daß sie den Kopf zu etwas anderem als zum Abgrasen heben soll. Warum hebe ich denn jetzt eigentlich den Kopf? Ich grase ja nicht, und es hat keinen Zweck, den Kopf zu heben, wenn ich nicht grase. – Sehen Sie nur, wie das ist! Das ist im Kopfheben des Tieres drinnen. Aber es ist nicht nur im Kopfheben des Tieres drinnen. Sie können sich nicht vorstellen, daß der Löwe den Kopf so hebt, wie die Kuh ihn hebt. Das ist in der Form des Kopfes drinnen. Und geht man weiter, geht man auf die ganze Form des Tieres ein – es ist ja das ganze Tier der, ich möchte sagen ausgewachsene Verdauungsapparat! Die Schwere der Verdauung lastet so auf der Blutzirkulation, daß das alles Kopf und Atmung überwältigt. Es ist ganz Verdauung, das Tier. Es ist wirklich, wenn man das nun geistig anschaut, unendlich wunderbar, wenn man den Blick hinaufwendet zum Vogel, und dann herunterschaut auf die Kuh.

Natürlich, wenn man die Kuh physisch noch so hoch hebt, sie wird kein Vogel. Aber wenn man zu gleicher Zeit das Physische an der Kuh übergehen lassen könnte – zunächst indem man sie in die Lüfte bringt, die der Erde unmittelbar nahe sind, in das Luft-Feuchtige, und wenn man das zugleich überführen könnte in eine Verwandlung ihrer Äthergestalt, die nun angemessen wäre dem Feuchtigen, und sie dann weiterheben würde und würde sie bis zum Astralischen bringen können, dann würde hoch oben die Kuh ein Vogel. Astralisch würde sie ein Vogel.

Sehen Sie, da drängt sich einem eben das Wunderbare auf, daß man sich sagt, wenn man das nun durchschaut: Was der Vogel da oben astralisch hat aus seinem Astralleib, was da arbeitet, wie ich gesagt habe, an der Gestaltung seines Gefieders, das hat die Kuh ins Fleisch, in die Muskeln, in die Knochen hineingebracht. Physisch geworden ist an der Kuh dasjenige, was astralisch ist am Vogel. Es sieht natürlich in der Astralität anders aus, aber es ist so.

Wiederum, wenn ich umgekehrt dasjenige, was der Astralität eines Vogels angehört, herunterfallen ließe, dabei die Umwandelung ins Ätherische und Physische vornehmen würde, dann würde der Adler eine Kuh werden, weil das, was astralisch am Adler ist, verfleischt, verkörperlicht ist in der Kuh, die am Boden liegt, wenn sie verdaut; denn es gehört zu diesem Verdauen bei der Kuh, eine wunderbare Astralität zu entwickeln. Die Kuh wird schön im Verdauen. Es liegt, astralisch angesehen, etwas ungeheuer Schönes darinnen in diesem Verdauen. Und wenn man so aus den gewöhnlichen Philisterbegriffen heraus eben in Philisteridealismus sich sagt: Das Verdauungsgeschäft ist das niedrigste –, dann wird man Lügen gestraft, wenn man von einer höheren Warte aus in geistiger Anschauung dieses Verdauungsgeschäft bei der Kuh anschaut. Das ist schön, das ist großartig, das ist etwas ungeheuer Geistiges.

Zu dieser Geistigkeit bringt es der Löwe nicht; der Vogel erst recht nicht. Beim Vogel ist das Verdauungsgeschäft fast etwas ganz Physisches. Man findet natürlich den Ätherleib im Verdauungsapparat des Vogels, aber man findet sehr wenig, fast gar nichts von Astralität in den Verdauungsvorgängen des Vogels. Dagegen bei der Kuh ist in den Verdauungsvorgängen etwas, was, astralisch angesehen, ganz großartig ist, eine ganze Welt ist. Und da hat man, wenn man jetzt das Ähnliche beim Menschen ansehen will, wiederum diese Korrespondenz zwischen dem, was die Kuh einseitig ausbildet, die physische Verfleischung eines gewissen Astralischen, da hat man das beim Menschen harmonisch zu dem anderen hinzuverwebt in seinen Verdauungsorganen und in ihrer Fortsetzung, in den Gliedmaßen. So daß wirklich das, was ich schaue hoch oben in den Lüften im Adler, was ich schaue da, wo das

Tier sich unmittelbar an der Luft erfreut wie beim Löwen, was ich schaue dann, wenn das Tier verbunden ist mit den unterirdischen Erdenkräften, die weiterwirken in seinen Verdauungsorganen, wenn ich also statt in die Höhe, hinunter in die Tiefe schaue und verständnisvoll von da aus das Wesen der Kuh durchdringe, dann habe ich die drei Gestalten, die im Menschen zu einer Harmonie vereinigt sind und sich dadurch ausgleichen: die Metamorphose des Vogels im Menschenhaupt, die Metamorphose des Löwen in der Menschenbrust, die Metamorphose der Kuh in dem Verdauungs- und Gliedmaßenapparat des Menschen, natürlich im Gliedmaßenapparat wieder kolossal metamorphosiert, kolossal umgestaltet.

Wenn man so heute hinschaut auf diese Dinge und wiederum darauf kommt, wie der Mensch eigentlich aus der ganzen Natur heraus geboren ist und in sich die ganze Natur wiederum trägt, so wie ich es dargestellt habe, wie er das Vogelreich, das Löwenreich, das Kuhwesen in sich trägt, dann bekommt man die einzelnen Bestandteile dessen, was der abstrakte Satz sagt: Der Mensch ist eine kleine Welt. – Er ist schon eine kleine Welt, und die große Welt ist in ihm, und all das Getier, welches in den Lüften wohnt, und das Getier, welches um die Erde herum in der kreisenden Luft sein hauptsächlichstes Element hat, und das Getier, welches unter dem Erdboden in den Kräften der Schwere sein hauptsächlichstes Element hat, sie wirken im Menschen zu einer harmonischen Ganzheit zusammen. Und der Mensch ist dann die Zusammenfassung von Adler, Löwe, Stier oder Kuh.

Wenn man das wiederum aus neuerer Geisteswissenschaft heraus erforscht, durchschaut, dann bekommt man diesen großen Respekt, von dem ich öfter gesprochen habe, vor den alten instinktiven hellseherischen Einsichten in den Kosmos; dann bekommt man den großen Respekt zum Beispiel vor so etwas, wie das gewaltige Bild ist von dem Bestehen des Menschen aus Adler, Löwe, Kuh oder Stier, die zusammen, entsprechend sich harmonisierend, den Menschen als eine Ganzheit bilden.

Im menschlichen Haupte haben wir, wenn wir das Ätherische und Astralische dazunehmen, etwas sehr Ähnliches wie in der Eibildung, nur metamorphosiert. Aber wenn wir bloß die Funktion des Kopfes hätten, würden wir nur augenblickliche Gedanken bilden. Es würden sich nicht die Gedanken mehr in uns hinuntersetzen, den ganzen Menschen in Anspruch nehmen und dann als Erinnerungen wieder auftauchen. Schaue ich meine augenblicklichen Gedanken an, die ich mir an der Außenwelt bilde, und schaue zum Adler auf, dann sage ich: In dem Gefieder des Adlers sehe ich außer mir die verkörperten Gedanken; in mir werden es Gedanken, aber es werden die augenblicklichen Gedanken. Sehe ich auf dasjenige, was ich in mir trage als meine Erinnerungen, so geht ein komplizierterer Prozeß vor sich. Unten im physischen Leib geschieht, auf eine allerdings geistige Art, eine Art Eibildung, die allerdings etwas ganz anderes ist im Ätherischen, etwas, was äußerlich physisch der Raupenbildung ähnlich ist, im astralischen Leib, was innerlich ähnlich ist der Puppenbildung, der Kokonbildung; und dasjenige, was, wenn ich eine Wahrnehmung habe, in mir einen Gedanken auslöst, hinunterschiebt, das ist so, wie wenn der Schmetterling ein Ei legt. Die Umwandlung ist etwas Ähnliches wie das, was mit der Raupe vor sich geht: das Leben im Ätherleib opfert sich hin dem geistigen Lichte, umwebt gewissermaßen den Gedanken mit innerem, astralem Kokongewebe, und da schlüpfen die Erinnerungen aus. Wenn wir das Vogelgefieder sehen in den augenblicklichen Gedanken, so müssen wir den Schmetterlingsflügel, den in Farben schillernden Schmetterlingsflügel, auf geistige Art zustande gekommen sehen in unseren Erinnerungsgedanken.

So blicken wir hinaus und fühlen die Natur ungeheuer verwandt mit uns. So denken wir und sehen die Welt des Gedankens in den fliegenden Vögeln. Und so erinnern wir uns, so haben wir ein Gedächtnis, und sehen die Welt der in uns lebenden Erinnerungsbilder in den im Sonnenlichte schimmernd flatternden Schmetterlingen. Ja, der Mensch ist ein Mikrokosmos und enthält die Geheimnisse der großen Welt draußen. Und es ist so, daß wir gewissermaßen dasjenige, was wir von innen anschauen, unsere Gedanken, unsere Gefühle, unseren Willen, unsere Erinnerungsvorstellungen, daß wir das, wenn wir es von der anderen Seite, von außen, makrokosmisch ansehen, in dem Reiche der Natur wiedererkennen.

Sie können mit Abstraktionen alles in der Welt machen, je nachdem Sie sie in dieser oder jener Weise auf die Wirklichkeit anwenden. Daher muß man schon auf so etwas hinschauen können wie die Realität im Entsprechen des Menschen als Mikrokosmos mit dem Makrokosmos. Nicht nur logisch muß man den Menschen betrachten können, sondern in einem Sinne, der niemals ohne das Überführen des Intellektualismus in das Künstlerische der Welt zu erreichen ist. Dann aber, wenn Sie vom Intellektualistischen gewissermaßen die Metamorphose vollziehen können ins künstlerische Erfassen und das Künstlerische als Erkenntnisprinzip ausbilden können, dann finden Sie das, was im Menschen auf eine menschliche Art, nicht auf eine naturhafte Art lebt, im Makrokosmos draußen, in der großen Welt. Dann finden Sie die Verwandtschaft des Menschen mit der großen Welt in einem wahrhaften Sinne.»

Schmetterling, Vogel, Fledermaus – Erinnerung, Vorstellung, Alptraum

Der Schmetterling fliegt auch in der Luft, aber er ist im Grunde genommen ganz ein Lichtgeschöpf. Und indem die Luft durchdrungen wird vom Lichte, wählt der Schmetterling innerhalb dieses Licht-Luftdaseins nicht das Luftdasein, sondern das Lichtdasein; die Luft ist ihm nur der Träger. Die Luft sind die Wogen, auf denen er gewissermaßen herumschwimmt, aber sein Element ist das Licht. Der Vogel fliegt in der Luft, aber sein Element ist eigentlich die Wärme, die verschiedenen Wärmedifferenzen in der Luft, und er überwindet in einem gewissen Grade die Luft. Der Vogel ist ja auch innerlich ein Luftwesen. Im hohen Grade ist er ein Luftwesen. Sehen Sie sich einmal die Knochen der Säugetiere, die Knochen des Menschen an: sie sind von Mark erfüllt. Wir werden davon noch sprechen, warum sie von Mark erfüllt sind. Die Vogelknochen sind hohl und nur mit Luft ausgefüllt. Wir bestehen also, insofern das in Betracht kommt, was innerhalb unserer Knochen ist, aus Markmäßigem, der Vogel besteht aus Luft, und sein Markmäßiges ist reine Luft. Wenn Sie die Vogellungen nehmen, so finden Sie in dieser Vogellunge eine ganze Menge von Säcken, die ausgehen von der Lunge; das sind Luftsäcke. Wenn der Vogel einatmet, dann atmet er nicht nur in die Lunge ein, sondern er atmet in diese Luftsäcke die Luft hinein, und von den Luftsäcken geht es in die hohlen Knochen. So daß, wenn man alles Fleisch und alle Federn von dem Vogel loslösen und die Knochen wegnehmen könnte, so würde man noch ein aus Luft bestehendes Tier bekommen, das die Form hätte der inneren Lungenausfüllung und auch der inneren Ausfüllung aller Knochen. Sie hätten, wenn man es in der Form vorstellt, ganz die Form des Vogels. Im Fleisch- und Beinadler sitzt ein Luftadler drinnen. Das ist nun nicht bloß aus dem Grunde, daß da noch ein Luftadler drinnen ist, sondern nun atmet der Vogel; durch die Atmung erzeugt er Wärme. Diese Wärme, die teilt er seiner Luft mit, die er nun in alle seine Gliedmaßen preßt. Da entsteht der Wärmeunterschied gegenüber der äußeren Umgebung. Da hat er seine Innenwärme, da hat er die äußere Wärme. In diesem Niveauunterschiede zwischen der äußeren Wärme der Luft und der Wärme, die er seiner eigenen Luft drinnen gibt, in diesem Niveauunterschiede, also in einem Niveauunterschiede innerhalb der Wärme, des Wärmeelementes lebt eigentlich der Vogel. Und wenn Sie den Vogel fragen würden in entsprechender Weise, wie es ihm eigentlich mit seinem Körper ist, dann würde er Ihnen – wenn Sie die Vogelsprache verstünden, würden Sie schon sehen, daß er das tut – so antworten, daß Sie erkennen würden, er redet von den fest substantiellen Knochen und von dem, was er sonst an sich trägt, etwa so, wie wenn Sie bepackt sind links und rechts und auf dem Rücken und auf dem Kopf mit lauter Koffern. Da sagen Sie auch nicht: Das ist mein Leib, der rechte Koffer, der linke Koffer und so weiter. – Geradesowenig wie Sie von diesen Dingen, mit denen Sie bepackt sind, als von Ihrem Leibe reden, sondern wie Sie das an sich tragen, so redet der Vogel, wenn er von sich redet, bloß von der von ihm erwärmten Luft, und von dem anderen als von dem Gepäck, das er mitträgt im irdischen Dasein. Diese Knochen, die diesen eigentlichen Vogelluftleib umhüllen: das ist sein Gepäck. So daß wir also durchaus sagen müssen: im Grunde genommen lebt der Vogel ganz und gar im Wärmeelemente, und der Schmetterling im Lichtelemente. Für den Schmetterling ist alles, was physische Substanz ist, die er vergeistigt, vor der Vergeistigung eigentlich erst recht, man möchte sagen nicht einmal Gepäck, sondern Hauseinrichtung. Noch ferner steht sie ihm.

Also indem wir in diese Region hinaufkommen, zu dem Getier in diesen Regionen, kommen wir zu etwas,

was wir gar nicht auf physische Art beurteilen dürfen. Wenn wir es auf physische Art beurteilen, so ist es etwa so, wie wenn wir einen Menschen so zeichnen wollten, daß wir seine Haare hineingewachsen malen würden in das, was er auf dem Kopfe tragen würde, seine Koffer zusammengewachsen mit den Armen, seinen Rücken mit irgend etwas, was er als Rucksack trägt, so daß wir ihn ganz bukkelig machen würden, als ob der Rucksack hinten hinausgewachsen wäre. Wenn wir den Menschen so zeichnen würden, so würde das entsprechen der Vorstellung, die man sich als Materialist über den Vogel eigentlich macht. Das ist gar nicht der Vogel, das ist das Gepäck des Vogels. Der Vogel fühlt sich eigentlich auch so, als ob er furchtbar schleppt an diesem seinem Gepäck, denn er möchte am liebsten frank und frei, gar nicht belastet, als ein warmes Luftgetier durch die Welt seine Wanderung vollführen. Das andere ist ihm eine Last. Und er bringt den Tribut dem Weltendasein, indem er ihm diese Last vergeistigt und ins Geisterland hinausschickt, wenn er stirbt; der Schmetterling noch während seiner Lebenszeit.

Sehen Sie, der Vogel atmet und verwendet die Luft auf die Weise, wie ich es Ihnen gesagt habe. Beim Schmetterling ist es noch anders. Der Schmetterling atmet überhaupt nicht durch solche Vorrichtungen, wie sie die sogenannten höheren Tiere haben; es sind ja nur die voluminöseren Tiere, es sind nicht die höheren Tiere in Wirklichkeit. Der Schmetterling atmet eigentlich nur durch Röhren, die von seiner äußeren Umhüllung nach innen hineingehen, und die etwas aufgeblasen sind, so daß er die Luft aufspeichern kann, wenn er fliegt, so daß ihn das nicht stört, daß er da nicht immer zu atmen braucht. Er atmet eigentlich immer nur durch Röhren, die in sein Inneres hineingehen. Dadurch, daß er durch Röhren atmet, die in sein Inneres hineingehen, hat er die Möglichkeit, mit der Luft, die er einatmet, zugleich das Licht, das in der Luft ist, in seinen ganzen Körper aufzunehmen. Da ist auch ein großer Unterschied vorhanden.

Schematisch dargestellt: Stellen Sie sich ein höheres Tier vor; das hat die Lunge. In die Lunge kommt der Sauerstoff hinein und verbindet sich da mit dem Blute auf dem Umweg durch das Herz. Das Blut muß in Herz und Lunge einfließen, um mit dem Sauerstoff in Berührung zu kommen bei diesen voluminöseren Tieren und auch beim Menschen. Beim Schmetterling muß ich ganz anders zeichnen. Da muß ich so zeichnen: Wenn das der Schmetterling ist, gehen da überall die Röhren herein; diese Röhren verästeln sich weiter. Und der Sauerstoff geht nun da überall hinein, verästelt sich selber mit; die Luft dringt überall in den Körper ein.

Bei uns und bei den sogenannten höheren Tieren kommt die Luft nur als Luft bis in die Lungen; bei dem Schmetterling breitet sich die äußere Luft mit ihrem Inhalte an Licht im ganzen inneren Leib aus. Der Vogel breitet die Luft bis in seine hohlen Knochen hinein aus; der Schmetterling ist nicht nur nach außen hin das Lichttier, sondern er breitet das Licht, das von der Luft getragen wird, in seinem ganzen Körper überallhin aus, so daß er auch innerlich Licht ist. Wenn ich Ihnen schildern konnte, daß der Vogel eigentlich innerlich erwärmte Luft ist, so ist der Schmetterling eigentlich ganz Licht. Es besteht auch sein Körper aus Licht, und die Wärme ist für den Schmetterling eigentlich Last, Gepäck. Er flattert ganz und gar im Lichte und baut seinen Leib eigentlich ganz aus dem Lichte herein auf. Und wir müßten, wenn wir den Schmetterling in der Luft flattern sehen, eigentlich bloße Lichtwesen flattern sehen, über ihre Farben, ihr Farbenspiel sich freuende Lichtwesen. Das andere ist Bekleidung und Gepäck. Man muß erst darauf kommen, aus was eigentlich die Wesen der Erdenumgebung bestehen, denn der äußere Schein täuscht.

Diejenigen, die heute so oberflächlich dies oder jenes gelernt haben, sagen wir aus morgenländischer Weisheit, die sprechen davon, daß die Welt Maja ist. Aber das ist nun wirklich nichts, wenn man sagt: die Welt ist Maja. Man muß in den Einzelheiten sehen, wie sie Maja ist. Maja versteht man, wenn man weiß, der Vogel schaut eigentlich gar nicht in seiner Wesenheit so aus, wie er außen erscheint, sondern er ist ein warmes Luftwesen. Der Schmetterling schaut gar nicht so aus, wie er da erscheint, sondern er ist ein Lichtwesen, das da herumflattert, und das im wesentlichen eigentlich aus der Freude an dem Farbenspiel besteht, an jenem Farbenspiel, das an dem Schmetterlingsflügel entsteht, indem die irdische Staubmaterie vom Farbigen durchdrungen wird und dadurch auf der ersten Stufe der Vergeistigung hinaus ins geistige Weltenall, in den geistigen Kosmos ist.

Sehen Sie, da haben Sie, ich möchte sagen, zwei Stufen: den Schmetterling, den Bewohner des Lichtäthers in unserer Erdenumgebung; den Vogel, den Bewohner des Wärmeäthers in unserer Erdenumgebung. Und nun die dritte Sorte. Wenn wir herunterkommen in die Luft, da kommen wir dann zu jenen Wesen, welche in einer bestimmten Periode unserer Erdenevolution noch gar nicht da sein konnten, zum Beispiel in der Zeit, in der der Mond noch bei der Erde war, in der der Mond sich noch nicht von der Erde getrennt hatte. Da kommen wir zu Wesen, die zwar auch Luftwesen sind, das heißt, in der Luft leben, aber eigentlich schon durchaus hart berührt sind von dem, was der Erde eigentümlich ist, von der Erdenschwere. Der Schmetterling ist noch gar nicht von der Erdenschwere berührt. Der Schmetterling flattert freudig im Lichtäther und fühlt sich selber als ein Geschöpf, aus dem Lichtäther heraus geboren. Der Vogel überwindet die Schwere, indem er die Luft in seinem Inneren erwärmt, dadurch warme Luft ist, und warme Luft wird von der kalten Luft getragen. Er überwindet noch die Erdenschwere.

Diejenigen Tiere, welche zwar ihrer Abstammung gemäß noch in der Luft leben müssen, aber die Erdenschwere nicht überwinden können, weil sie nicht hohle Knochen haben, sondern markerfüllte Knochen, weil sie auch nicht solche Luftsäcke haben wie die Vögel, diese Tiere sind die Fledermäuse.

Die Fledermäuse sind ein ganz merkwürdiges Tiergeschlecht. Die Fledermäuse überwinden gar nicht durch das Innere ihres Körpers die Schwere der Erde. Sie sind nicht lichtleicht wie der Schmetterling, sie sind nicht wärmeleicht wie der Vogel, sie unterliegen schon der Schwere der Erde und fühlen sich auch schon in ihrem Fleisch und Bein. Daher ist den Fledermäusen dasjenige Element, aus dem zum Beispiel der Schmetterling besteht, in dem der Schmetterling ganz und gar lebt, dieses Element des Lichtes, unangenehm. Sie lieben die Dämmerung. Sie müssen die Luft benützen, aber sie haben die Luft am liebsten, wenn die Luft nicht das Licht trägt. Sie übergeben sich der Dämmerung. Sie sind eigentlich Dämmerungstiere. Die Fledermäuse können sich nur dadurch in der Luft halten, daß sie, ich möchte sagen, die etwas karikaturhaft aussehenden Fledermausflügel haben, die ja gar nicht wirkliche Flügel sind, sondern ausgespannte Häute, zwischen den verlängerten Fingern ausgespannte Häute, Fallschirme. Dadurch halten sie sich in der Luft. Dadurch überwinden sie, indem sie der Schwere selber etwas, was mit dieser Schwere zusammenhängt, als Gegengewicht entgegenstellen, die Schwere. Aber sie sind dadurch ganz in den Bereich der Erdenkräfte hereingespannt. Man kann niemals eigentlich nach den physikalisch-mechanischen Konstruktionen den Schmetterlingsflug so ohne weiteres konstruieren, auch den Vogelflug nicht. Es wird niemals vollständig stimmen. Man muß da etwas hineinbringen, das andere Konstruktionen noch enthält. Aber den Fledermausflug, den können Sie durchaus mit irdischer Dynamik und Mechanik konstruieren.

Die Fledermaus liebt nicht das Licht, die lichtdurchdrungene Luft, sondern höchstens die vom Lichte etwas durchspielte Dämmerungsluft. Die Fledermaus unterscheidet sich dadurch von dem Vogel, daß der Vogel, wenn er schaut, eigentlich immer das im Auge hat, was in der Luft ist. Selbst der Geier, wenn er das Lamm sieht, empfindet das so, daß das Lamm etwas ist, was am Ende des Luftkreises ist, wenn er von oben sieht, was wie an die Erde angemalt ist. Und außerdem ist es kein bloßes Sehen, es ist ein Begehren, was Sie wahrnehmen werden, wenn Sie den Geierflug, der auf das Lamm gerichtet ist, wirklich ansehen, der eine ausgesprochene Dynamik des Wollens, des Willens, des Begehrens ist.

Der Schmetterling sieht überhaupt, was auf der Erde ist, so wie im Spiegel; für den Schmetterling ist die Erde ein Spiegel. Er sieht das, was im Kosmos ist. Wenn Sie den Schmetterling flattern sehen, dann müssen Sie sich eigentlich vorstellen: die Erde, die beachtet er nicht, die ist ein Spiegel. Die Erde spiegelt ihm dasjenige, was im Kosmos ist. Der Vogel sieht nicht das Irdische, aber er sieht das, was in der Luft ist. Die Fledermaus erst fängt an, dasjenige wahrzunehmen, was sie durchfliegt, oder an dem sie vorbeifliegt. Und da sie das Licht nicht liebt, so ist sie eigentlich von all dem, was sie sieht, unangenehm berührt. Man kann schon sagen, der Schmetterling und der Vogel sehen auf eine sehr geistige Art. Das erste Tier von oben herunter, das auf irdische Art sehen muß, ist unangenehm von diesem Sehen berührt. Die Fledermaus hat das Sehen nicht gerne, und sie hat daher etwas, ich möchte sagen wie verkörperte Angst vor dem, was sie sieht und nicht sehen will. Sie möchte so vorbeihuschen an den Dingen: sehen müssen und nicht sehen wollen – da möchte sie sich so überall vorbeidrücken. Deshalb, weil sie sich so vorbeidrücken möchte, möchte sie auf alles so wunderbar hinhören. Die Fledermaus ist tatsächlich ein Tier, das dem eigenen Flug fortwährend zuhört, ob dieser Flug nicht irgendwie gefährdet wird.

Sehen Sie sich die Fledermausohren an. Sie können es den Fledermausohren ansehen, daß sie auf Weltenangst gestimmt sind. Das sind sie, diese Fledermausohren. Das sind ganz merkwürdige Gebilde, sie sind richtig aufs Hinschleichen durch die Welt, auf Weltenangst gestimmt. Das alles versteht man erst, wenn man die Fledermaus in diesem Zusammenhange betrachtet, in den wir sie jetzt hineinstellen.

Da müssen wir noch etwas sagen. Der Schmetterling gibt fortwährend vergeistigte Materie an den Kosmos ab, und er ist der Liebling der Saturnwirkungen. Nun erinnern Sie sich daran, wie ich hier ausgeführt habe, daß der Saturn der große Träger des Gedächtnisses unseres Planetensystems ist. Der Schmetterling hängt ganz zusammen mit dem Erinnerungsvermögen unseres Planeten. Das sind die Erinnerungsgedanken, die im Schmetterling leben. Der Vogel – ich habe Ihnen das auch schon ausgeführt – ist im Ganzen eigentlich ein Kopf, und in dieser durchwärmten Luft, die er durchfliegt durch den Weltenraum, ist er eigentlich der lebendig fliegende Gedanke. Was wir in uns als Gedanken haben, was ja auch zusammenhängt mit dem Wärmeäther, ist die Vogelnatur, die Adlernatur in uns. Der Vogel ist der fliegende Gedanke. Die Fledermaus aber ist der fliegende Traum, das fliegende Traumbild des Kosmos. So daß Sie sagen können: Die Erde ist umwoben von den Schmetterlingen: sie sind die kosmische Erinnerung; und von dem Vogelgeschlechte: es ist das kosmische Denken; und von der Fledermaus: sie ist der kosmische Traum, das kosmische Träumen. Es sind in der Tat die fliegenden Träume des Kosmos, die als Fledermäuse den Raum durchsausen. Wie der Traum das Dämmerlicht liebt, so liebt der Kosmos das Dämmerlicht, indem er die Fledermaus durch den Raum schickt. Die dauernden Gedanken der Erinnerung, sie sehen wir verkörpert in dem Schmetterlingsgürtel der Erde; die in der Gegenwart lebenden Gedanken in dem Vogelgürtel der Erde; die Träume in der Umgebung der Erde fliegen verkörpert als Fledermäuse herum. Fühlen Sie doch, wenn wir uns so recht in ihre Form vertiefen, wie verwandt dieses Anschauen einer Fledermaus mit dem Träumen ist! Eine Fledermaus kann man gar nicht anders ansehen, als daß einem der Gedanke kommt: du träumst doch; das ist doch eigentlich etwas, was nicht da sein sollte, was so heraus ist aus den übrigen Naturgeschöpfen, wie der Traum heraus ist aus der gewöhnlichen physischen Wirklichkeit.

Wir können also sagen: Der Schmetterling sendet die vergeistigte Substanz in das Geisterland hinein während seines Lebens; der Vogel sendet sie hinaus nach seinem Tode. Was macht nun die Fledermaus? Die Fledermaus sondert die vergeistigte Substanz, insbesondere jene vergeistigte Substanz, welche in den gespannten Häuten zwischen den einzelnen Fingern lebt, ab während ihrer Lebenszeit, übergibt sie aber nicht dem Weltenall, sondern sondert sie in der Erdenluft ab. Dadurch entstehen fortwährend, ich möchte sagen, Geistperlen in der Erdenluft. Und so haben wir umgeben die Erde mit diesem kontinuierlichen Glimmen der ausströmenden Geistmaterie des Schmetterlings, hineinsprühend dasjenige, was von den sterbenden Vögeln kommt, aber zurückstrahlend nach der Erde die eigentümlichen Einschlüsse der Luft, da wo die Fledermäuse absondern das, was sie vergeistigen. Das sind die Geistgebilde, die man immer schaut, wenn man eine Fledermaus fliegen sieht. Tatsächlich hat sie immer wie ein Komet etwas wie einen Schwanz hinter sich. Sie sondert Geistmaterie ab, schickt sie aber nicht fort, sondern stößt sie zurück in die physische Erdenmaterie. In die Luft hinein stößt sie sie zurück. Ebenso wie man mit dem physischen Auge die physische Fledermaus flattern sieht, so kann man flattern sehen durch die Luft diese entsprechenden Geistgebilde der Fledermäuse; die sausen durch den Luftraum. Und wenn wir wissen: die Luft besteht aus Sauerstoff, Stickstoff und anderen Bestandteilen, so ist das nicht alles; sie besteht außerdem aus dem Geisteinfluß der Fledermäuse.

So sonderbar und paradox das klingt: dieses Traumgeschlecht der Fledermäuse sendet kleine Gespenster in die Luft herein, die sich dann vereinigen zu einer gemeinsamen Masse. Man nennt in der Geologie das, was unterhalb der Erde ist und noch eine Gesteinsmasse ist, die breiweich ist, Magma. Man könnte von einem Geistmagma in der Luft sprechen, das von den Ausflüssen der Fledermäuse herrührt.

Gegen dieses Geistmagma waren in alten Zeiten, in denen es instinktives Hellsehen gegeben hat, die Menschen sehr empfindlich, geradeso wie heute noch manche Leute gegen Materielleres, zum Beispiel schlechte Düfte, empfindlich sind; nur daß man das als etwas, ich möchte sagen, mehr Plebejisches ansehen könnte, während in der alten instinktiven Hellseherzeit die Menschen empfindlich waren für das, was als Fledermausrest in der Luft vorhanden ist.

Dagegen haben sie sich geschützt. Und in manchen Mysterien gab es ganz besondere Formeln, durch die sich die Menschen innerlich versperrten, damit dieser Fledermausrest keine Gewalt über sie habe. Denn als Menschen atmen wir mit der Luft nicht bloß den Sauerstoff und den Stickstoff ein, wir atmen auch diese Fledermausreste ein. Nur ist die heutige Menschheit nicht darauf aus, sich vor diesen Fledermausresten schützen zu lassen, sondern während sie unter Umständen recht empfindlich ist, ich will sagen für Gerüche, ist sie höchst unempfindlich für Fledermausreste. Die verschluckt sie, man kann schon sagen, ohne daß sie auch nur irgend etwas von Ekel dabei empfindet. Es ist ganz merkwürdig: Leute, die sonst recht zimperlich sind, verschlucken das, von dem ich hier spreche, was das Zeug hält. Aber das geht dann auch in den Menschen hinein. Es geht nicht in den physischen und in den Ätherleib, aber es geht in den Astralleib hinein.

Ja, Sie sehen, wir kommen da zu merkwürdigen Zusammenhängen. Initiationswissenschaft führt eben überall in das Innere der Zusammenhänge hinein: diese Fledermausreste sind die begehrteste Nahrung dessen, was ich Ihnen in den Vorträgen hier geschildert habe als den Drachen. Nur müssen sie zuerst in den Menschen hineingeatmet werden, diese Fledermausreste. Und der Drache hat seine besten Anhaltspunkte in der menschlichen Natur, wenn der Mensch seine Instinkte durchsetzt sein läßt von diesen Fledermausresten. Die wühlen da drinnen. Und die frißt der Drache und wird dadurch fett, natürlich geistig gesprochen, und bekommt Gewalt über den Menschen, bekommt Gewalt in der mannigfaltigsten Weise. Und da ist es so, daß auch der heutige Mensch sich wiederum schützen muß. Der Schutz soll kommen von dem, was hier geschildert worden ist als die neue Form des Streites des Michael mit dem Drachen. Was der Mensch an innerer Erkraftung gewinnt, wenn er den Michael-Impuls so aufnimmt, wie es hier geschildert worden ist, das schützt ihn gegen die Nahrung, die der Drache bekommen soll; dann schützt er sich gegen den ungerechtfertigten Fledermausrest innerhalb der Atmosphäre.

Zu irgend etwas Gutem oder zu irgend etwas Bösem sind die Wesen vorhanden, die irgendwo vorhanden sind. Alles steht so im Weltenzusammenhang drinnen, daß man erkennen kann, wie es mit den anderen Wesen zusammenhängt. Für den materialistisch Gesinnten flattern die Schmetterlinge, fliegen die Vögel, flattern die Flattertiere, die Fledermäuse. Aber da ist es fast so, wie es manchmal bei einem nicht sehr kunstsinnigen Menschen ist, wenn er sich sein Zimmer voll hängt mit allem möglichen Bilderzeugs, das nicht zusammengehört, das keinen inneren Zusammenhang hat. So hat für den gewöhnlichen Weltenbetrachter das, was da durch die Welt fliegt, auch keinen inneren Zusammenhang, weil er keinen sieht. Aber alles im Kosmos steht an seiner Stelle, weil es von dieser Stelle aus eben einen inneren Zusammenhang mit der Totalität des Kosmos hat. Ob Schmetterling, ob Vogel, ob Fledermaus, alles steht mit irgendeinem Sinn in der Welt darinnen.

Mögen diejenigen, die solches heute verspotten wollen, mögen sie es verspotten. Die Menschen haben sich in bezug auf das Verspotten schon anderes geleistet. Berühmte Akademien haben das Urteil abgegeben: es kann keine Meteorsteine geben, weil Eisen nicht vom Himmel fallen kann und so weiter. Warum sollen die Menschen nicht auch spotten über die Funktionen der Fledermäuse, von denen ich heute gesprochen habe? Das alles darf aber nicht beirren darin, tatsächlich unsere Zivilisation zu durchziehen mit der Erkenntnis des Geistigen.

Das Haupt, der Vogel – ein uralter Organismus

Wenn wir uns heute von der äußeren Wissenschaft belehren lassen wollen, dann ist die Sache gewöhnlich so, daß gesagt wird, man müsse untersuchen, wie die höheren, sogenannten höheren Wesenheiten, sagen wir des Pflanzenreiches, dann des Tierreiches, des Menschenreiches sich entwickelt haben aus den leblosen, aus den sogenannten unorganischen Stoffen oder Kräften.

Die wirkliche Anschauung der Evolution ergibt etwas wesentlich anderes. Die ergibt, wie Sie schon aus meiner *Geheimwissenschaft im Umriß* entnehmen können, daß der Mensch, so wie er heute vor uns steht, dasjenige Wesen ist, welches die längste Entwicklung hinter sich hat, dessen Entwicklung zurückgeht bis in die alte Saturnzeit. So daß wir also sagen müssen: Der Mensch ist das älteste Geschöpf innerhalb unserer Erdenentwicklung. Erst während der Sonnenzeit ist die Tierheit dazugekommen, während der Mondenzeit die Pflanzenheit; und das mineralische Reich, wie wir es heute haben, ist eigentlich erst ein Erdenergebnis, ist erst während der Erdenentwicklung dazugekommen.

Nun wollen wir einmal den Menschen in seiner heutigen Gestalt ansehen und uns fragen: Was ist denn entwicklungsgeschichtlich am Menschen selber der älteste Teil? Das ist das menschliche Haupt. Dieses menschliche Haupt hat seine erste Anlage empfangen in der Zeit, als die Erde eben noch in der Saturnmetamorphose war. Allerdings, die Saturnmetamorphose war lediglich aus Wärmesubstanz bestehend, und das menschliche Haupt war eigentlich wallende, webende, wogende Wärme, hat dann luftförmige Form angenommen während der Sonnenzeit, hat flüssige Form angenommen, war also ein flüssig verrinnendes Wesen während der Mondenzeit, und hat die feste Gestalt mit dem Knocheneinschluß erhalten während der Erdenzeit, so daß wir also sagen müssen: Ein Wesen, von dem heute allerdings mit äußeren Erkenntnissen schwer eine Vorstellung zu gewinnen ist, war vorhanden in der alten Saturnzeit, ein Wesen, dessen Nachkomme das menschliche Haupt ist. Gleichzeitig mit dieser Hauptesbildung des Menschen – das können Sie ja aus meinen letzten Darlegungen entnehmen –, mit dieser Hauptesanlage des Menschen sind während der alten Saturnzeit die Anlagen entstanden zu dem Schmetterlingswesen. Wir werden später das andere Insektenwesen noch genauer betrachten; halten wir zunächst an dem Schmetterlingswesen fest. So daß wir die Entwicklung von der alten Saturnzeit bis heute, bis in das Erdendasein verfolgen können und dann sagen müssen: Da bildet sich in einer feinen substantiellen Form der Menschenkopf in seiner Anlage; da bildet sich alles das, was die Luft durchschwirrt als Schmetterlingswesen. – Beide Evolutionen gehen weiter. Der Mensch verinnerlicht sich, so daß er immer mehr und mehr ein Wesen wird, welches die Offenbarung eines Seelischen ausdrückt, das von innen nach außen geht, schematisch etwa so dargestellt: ein Wesen, das sich von innen nach außen strahlend entwickelt. Das Schmetterlingswesen dagegen, das ist ein Wesen, an dessen Außenseite der Kosmos, ich möchte sagen, all seine Schönheiten ablädt. Ein Wesen ist der Schmetterling, das gewissermaßen mit seinem Flügelstaub angeflogen bekommen hat alles, was an Schönheit und Majestät im Kosmos in der Art vorhanden ist, wie ich es Ihnen dargestellt habe. Wir müssen also das Schmetterlingswesen uns so vorstellen, daß es gewissermaßen ein Spiegelbild der Schönheiten des oberen Kosmos ist. Während der Mensch in sich aufnimmt, in sich verschließt das, was oberer Kosmos ist, innerlich seelisch wird, seelisch wie die Konzentration des Kosmos, die dann nach außen ausstrahlt und sich im Menschenhaupt die Form gibt, so daß wir im Menschenhaupt etwas von innen nach außen Gebildetes haben, haben wir im Schmetterlingswesen das von außen nach innen Gebildete. Und es ist schon für denjenigen, der diese Dinge sehermäßig betrachtet, so, daß er eigentlich ein Ungeheures lernt, wenn er in der folgenden Art zu Werke geht, wenn er sagt: Ich will die Geheimnisse, die ältesten Geheimnisse, die Saturngeheimnisse des menschlichen Hauptes ergründen, ich will wissen, was da innerhalb der Hirnschale eigentlich für

Kräfte gewaltet haben. – Er muß sich hinweisen lassen auf das, was man äußerlich überall sieht, was äußerlich überall einstrahlt, und das Schmetterlingswesen studieren. Um deine eigenen Haupteswunder kennenzulernen, studiere die Wunder, wie der Schmetterling draußen in der Natur wird: das ist etwa die große Lehre, welche der sehermäßigen Beobachtung der Kosmos gibt.

Schreitet dann die Evolution vor von der Saturnzeit zur Sonnenzeit, dann entsteht ein Wesen, das eine weitere Ausbildung, eine Luftumbildung, eine Luftmetamorphose des Hauptes hat; aber es gliedert sich an in einer feinen Substanz, was dann später zu den Brustgebilden, zu den Atmungs- und Herzgebilden des Menschen wird. Also hier – im Saturn – haben wir noch wesentlich diejenige Metamorphose, welche das menschliche Haupt darstellt. Aber das ist natürlich die spätere Form. Kommen wir zur Sonnenzeit herauf, so haben wir den Kopf-Brustmenschen; es gliedert sich an, was nun Brust des Menschen ist. Gleichzeitig aber entsteht schon in der letzten Saturn- und in der ersten Sonnenzeit dasjenige, für das wir nun den Repräsentanten zu sehen haben im Adler. Es entsteht das Vogelgeschlecht in der ersten Sonnenzeit, und es entstehen in der zweiten Sonnenzeit die ersten Anlagen derjenigen Tiergeschlechter, welche eigentliche Brusttiere sind, wie der Löwe zum Beispiel – als Repräsentant der Löwe, aber auch andere Brusttiere. So daß die ersten Anlagen dieser Tiere zurückgehen bis in die alte Sonnenzeit.

Sie sehen daraus, welch ein gewaltiger Unterschied in der Heranbildung selbst der höheren Tiere und des Menschen vorhanden ist. Ich werde schon über die Übergangstiere, zu denen ja auch das Affengeschlecht gehört, in der Zukunft noch sprechen, aber ich will heute nur einen zusammenfassenden Begriff geben. Sie sehen, welch ein gewaltiger Unterschied da besteht zwischen Menschenbildung und höherer Tieresbildung.

Beim Menschen ist das erste, daß sich in der Evolution das Haupt ausbildet. Das übrige werden Anhangsorgane, die sich gewissermaßen an die Hauptesbildung anhängen. Der Mensch wächst in der kosmischen Evolution von seinem Haupte aus nach unten. Der Löwe dagegen ist zum Beispiel während der alten Sonnenzeit, während des zweiten Teiles der alten Sonnenzeit ein Tier, welches zunächst als Brusttier entsteht, als kräftiges Atmungstier mit einem noch sehr kleinen, verkümmerten Kopf. Erst als die Sonne dann in späteren Zeiten von der Erde sich trennt und von außen wirkt, erst dann entsteht aus der Brust heraus der Kopf. Es wächst also der Löwe so, daß er von der Brust nach aufwärts sich entwickelt, der Mensch, indem er vom Kopf nach unten sich entwickelt. Das ist ein gewaltiger Unterschied in der Gesamtevolution.

Indem wir weiterschreiten bis zur Mondenmetamorphose der Erde, da erst braucht der Mensch, weil der Mond die Wassermetamorphose darstellt, weil der Mond wässerig ist, allerdings dann verhornt in der späteren Zeit, von jetzt ab die weitere Fortsetzung nach unten. Es bildet sich die Anlage des Verdauungssystems. Während der alten Sonnenzeit, während man nur lichtdurchwelltes, lichtdurchglänztes Luftiges hat, braucht der Mensch auch zu seiner Ernährung nur einen Atmungsapparat, der nach unten abgeschlossen ist; der Mensch ist Kopf- und Atmungsorgan. Jetzt während der Mondenzeit gliedert er sich das Verdauungssystem an. Damit aber kommt der Mensch also dazu, Kopf, Brust und Unterleib zu werden. Und da alles im Monde noch wäßrige Substanz ist, hat der Mensch während dieser Mondenzeit Auswüchse, die ihn schwimmend durch das Wasser tragen. Von Armen und Beinen kann erst während der Erdenzeit gesprochen werden, wenn die Schwerkraft wirkt und dasjenige herausgestaltet, was sich vor allen Dingen in die Richtungen der Schwerkraft hineinstellt, die Gliedmaßen. Das also gehört erst der Erdenzeit an. Während der Mondenzeit aber bildet sich, noch ganz anders geartet als später, der Verdauungsapparat, so geartet, daß dieser Verdauungsapparat des Menschen noch nicht aufzunehmen braucht alles das, was der Verarbeitung der freien, willkürlichen Beweglichkeit der Glieder dient. Es ist ein wesentlich anderer Verdauungsapparat noch; der metamorphosiert sich später um in den Verdauungsapparat, der der Erdenverdauungsapparat ist. Aber der Mensch gliedert sich während der Mondenzeit den Verdauungsapparat an.

Wiederum ist es so, daß jetzt zu den Nachkommen von Schmetterlingen, Vögeln und von solchen Geschlechtern, von denen der Löwe ein Repräsentant ist, hinzukommen diejenigen Tiere, die vorzugsweise nach der Verdauung hinneigen. Wir haben also da hinzukommend während der Mondenzeit zum Beispiel das, was wir durch die Kuh repräsentiert haben.

Aber wie ist nun im Gegensatze zum Menschen das Wachstum der Kuh? Das ist so, daß die Kuh zunächst während dieser alten Mondenzeit hauptsächlich den Verdauungsapparat ausbildet; dann, nachdem der Mond sich abgetrennt, wachsen aus dem Verdauungsapparat die Brustorgane und der eigentümlich gestaltete Kopf erst heraus. Während der Mensch beim Kopf anfängt sich zu entwickeln, dann daran schließt die Brust, die Brustmetamorphosierungen, dann daran schließt die Verdauungsorgane; während der Löwe mit den Brustorganen anfängt, den Kopf daran schließt, und mit dem Menschen zugleich die Verdauungsorgane bekommt während der Mondenzeit, haben wir bei denjenigen Tieren, deren Repräsentant die Kuh ist, als erste Anlage zunächst die Verdauungsorgane, und dann, aus diesen weiterwachsend, haben wir Brust- und Kopforgane gebildet. Also Sie sehen, der Mensch wächst vom Kopf nach unten, der Löwe von der Brust nach oben und unten; die Kuh wächst von den Verdauungsorganen ganz in die Brust und in den Kopf erst hinein, wächst sozusagen, wenn wir es mit dem Menschen vergleichen, ganz nach aufwärts, wächst gegen Herz und Kopf zu. Das gibt die Anschauung der Entwicklung des Menschen.

Schmetterling: Saturn: Kopf

Vogel. Löwe: Sonne: Kopf – Brust

Kuh. Reptilien, Amphibien. Fische: Mond: Kopf – Brust – Unterleib

Schmetterlinge und Vögel – irdische Abbilder der Hierarchien

Wenn Sie die Schmetterlinge und die Vögel ansehen, so haben sie allerdings irdische Formen; aber Sie wissen aus der früheren Darstellung: der Schmetterling ist eigentlich ein Lichtwesen, und die irdische Materie ist ihm nur angeflogen. Wenn er selber Ihnen sagen könnte, was er ist, so würde er Ihnen verkündigen, daß er einen Leib aus Licht hat, und daß er, wie ich bereits sagte, das, was ihm als Erdenmaterie angeflogen ist, wie ein Gepäck, wie etwas Äußeres an sich trägt. Ebenso ist der Vogel ein warmluftiges Tier, könnte man sagen, denn der wahre Vogel ist die warme Luft, die in dem Vogel ausgebreitet ist; das andere ist sein Gepäck, das er durch die Welt schleppt. Diese Tiere, die also eigentlich heute noch nur mit irdischer Umkleidung, mit Erdenumkleidung, mit Wasserumkleidung sich erhalten haben ihre Lichtes-, ihre Wärmenatur, diese Wesenheiten sind am frühesten in der ganzen Erdenevolution entstanden. Diese Wesenheiten haben auch solche Formen, welche denjenigen, der nun auch hinüberschauen kann in die Zeit, die der Mensch vor seinem Herabstieg in das Erdenleben durchmacht in der geistigen Welt, erinnern an das, was in der geistigen Welt durchgemacht ist. Gewiß, es sind irdische Formen, denn die irdische Materie ist angeflogen. Wenn Sie sich aber richtig vorstellen die schwebenden, webenden Leuchtewesen, die die Schmetterlinge sind, wenn Sie sich wegdenken das, was ihnen vom Irdischen angeflogen ist, wenn Sie sich vom Vogel wegdenken, was ihm vom Irdischen angeflogen ist, wenn Sie sich diese Kraftmasse denken, die den Vogel zum warmen Luftwesen macht, mit dem, was dann sein Gefieder ist, nur als leuchtende Strahlen, wenn Sie sich das denken, dann erinnern diese Wesenheiten, die nur wegen ihrer äußeren Bekleidung so aussehen und auch die Größe, die sie haben, nur eben wegen dieser äußeren Bekleidung haben, denjenigen, der eben auch das Menschenwesen kennt vor seinem Herabstieg auf die Erde, an dieses Menschenwesens Herabstieg auf die Erde. Dann sagt sich derjenige, der so hineinschaut in die geistige Welt: In den Schmetterlingen, in den Vögeln haben wir etwas, was erinnert an jene Geistformen, unter denen der Mensch gelebt hat, bevor er auf die Erde herabgestiegen ist, an die Wesen der höheren Hierarchien. Mit Verständnis Schmetterlinge und Vögel angeschaut, sind sie eine ins Kleine umgesetzte, metamorphosierte Erinnerung derjenigen Formen, die man als Geistformen um sich hatte, als man noch nicht herabgestiegen war in die Erdenentwicklung. Weil die Erdenmaterie schwer ist und überwunden werden muß, so ziehen die Schmetterlinge ihre gigantisch große Gestalt, die sie eigentlich haben, ins Kleine zusammen. Wenn Sie von einem Schmetterlinge absondern könnten alles, was Erdenmaterie ist, so würde er sich allerdings zur Erzengelgestalt als Geistwesen, als Leuchtewesen ausdehnen können. Wir haben schon in denjenigen Tieren, die die Lüfte bewohnen, irdische Abbilder dessen, was in höheren Regionen auf geistgemäße Art vorhanden ist. Daher war es in der instinktiven Hellseherzeit ein selbstverständlich künstlerisches Wirken, aus den Formen der Flugtiere die symbolische Form, die bildliche Form der Geistwesen der höheren Hierarchien zu bilden. Das hat seine innere Begründung. Im Grunde sind die physischen Formen von Schmetterlingen und Vögeln eben die physischen Metamorphosen von Geistwesen. Nicht die Geistwesen haben sich metamorphosiert, aber die metamorphosierten Abbilder davon sind sie; es sind natürlich andere Wesenheiten.

Daher werden Sie es auch verständlich finden, wenn ich, zurückkommend auf etwas, was ich schon ausgesprochen habe, noch einmal das Folgende Ihnen zeichne. Ich sagte Ihnen, der Schmetterling, der eigentlich ein Lichtwesen ist, schickt fortwährend zeit seines Lebens hinaus die durchgeistigte Erdenmaterie in den Kosmos. Ich möchte nun diese durchgeistigte Erdenmaterie, die da in den Kosmos hinausgeschickt wird, mit Anlehnung an einen gebräuchlichen Ausdruck der Sonnenphysik die Schmetterlingskorona nennen. So strahlt die Schmetterlingskorona fortwährend in den Kosmos hinaus. Aber in diese Schmetterlingskorona strahlt ein, was das Vogelgeschlecht jedesmal, wenn der Vogel stirbt, dem Kosmos übergibt, so daß da hineinstrahlt die vergeistigte Materie vom Vogelgeschlecht, hinaus in den Kosmos. Man hat dann von außen, geistig gesehen, den Anblick einer glimmenden Korona, ausgehend vom Schmetterlingsgeschlecht – nach gewissen Gesetzen erhält sich diese auch im Winter –, und mehr strahlenförmig hineingestellt hat, was von den Vögeln ausfließt.

Schmetterlinge und Vögel – Inkarnationshelfer für den Menschen

Sehen Sie, wenn der Mensch sich anschickt, herunterzusteigen aus der geistigen Welt in die physische Welt, da ist es zunächst die Schmetterlingskorona, diese eigentümliche Ausstrahlung von vergeistigter Erdenmaterie, die den Menschen ins irdische Dasein ruft. Und die Strahlen der Vogelkorona, die werden mehr empfunden wie Kräfte, die hereinziehen. Nun sehen Sie noch eine höhere Bedeutung desjenigen, was im Luftkreise lebt. Man muß eben überall in dem, was lebt und webt in der Wirklichkeit, das Geistige suchen. Und sucht man das Geistige, dann kommt man eigentlich erst darauf, was die einzelnen Wesensgebiete für eine Bedeutung haben. Die Erde lockt gewissermaßen den Menschen zur Wiederverkörperung herein, indem sie die Leuchteausstrahlung der Schmetterlingskorona und die Strahlung der Vogelkorona hinausschickt in den Weltenraum. Das sind die Dinge, die den Menschen, nachdem er eine Zeitlang zugebracht hat in der rein geistigen Welt zwischen dem Tode und einer neuen Geburt, wiederum hereinrufen in das neue Erdendasein. Es ist daher kein Wunder, wenn der Mensch sich schwer enträtseln kann das komplizierte Gefühl, das er mit Recht hat beim Anblick der Schmetterlings- und der Vogelwelt. Denn dasjenige, was da wirklich ist, sitzt tief im Unterbewußtsein. Das, was da wirklich ist, ist die Erinnerung an die Sehnsucht nach neuem Erdendasein.

Und das wiederum hängt zusammen mit dem, was ich Ihnen auch öfter auseinandergesetzt habe, daß der Mensch, nachdem er von der Erde abgegangen ist durch die Pforte des Todes, seinen Kopf eigentlich zerstreut, daß dann sein übriger Organismus, seinen Kräften nach natürlich, nicht seiner Materie nach, umgebildet wird zu dem Kopf des nächsten Erdendaseins. Der Mensch strebt also eigentlich nach dem Kopf, indem er herunterstrebt. Und der Kopf ist das erste, das sich ausbildet am Menschenembryo in einer Gestalt, die schon der späteren Menschengestalt ähnlich ist. Daß das alles so ist, das hängt damit zusammen, daß innig verwandt ist diese Hinbildung nach dem Kopfe mit dem, was wirkt und webt in der fliegenden Welt, durch die der Mensch eigentlich hereingezogen wird aus dem Übersinnlichen in das sinnliche Dasein.

Aber geradeso wie der Schmetterling sich als Lichtwesen, wie der Vogel sich als warmes Luftwesen fühlt, so fühlt sich der Fisch eigentlich als das irdisch-wäßrige Wesen. Das eigentliche Wasser, das er in sich aufsaugt, das fühlt er nicht als sein Wesen.

Der Vogel fühlt die Luft, die er aufsaugt, als sein Wesen. Der Vogel fühlt also eigentlich, schematisch ausgedrückt, das, was als Luft in ihn eindringt, was sich überall ausbreitet, als sein Wesen; diese sich ausbreitende und von ihm erwärmte Luft, das ist sein Wesen.

Es zeigt sich ein Grundunterschied zwischen Mensch und Tier: Das Tier schaut noch nicht heraus, es trennt noch nicht zwischen sich und der Welt, es tritt noch nicht in eine Welt des Gegenübers, der Gegen-Stände ein. Das Tier lebt – wenn man so will – noch im Jenseits. Der Mensch aber hat sich mit seinem gegenständlichen, nach außen gewandten Blick vom Jenseits getrennt. Er hat sich in der Neuzeit in die Welt des Raumes eingelebt – und sich damit zwar die notwendige Bedingung zur Freiheit geschaffen; zugleich aber hat er sich auch von den Göttern losgetrennt. Sein Blick ist nicht mehr rückwärtsgewandt zum Ursprung, sondern vorwärtsblickend und mit der Frage verbunden: Wie kann dieser nach vorn gewandte Blick doch wieder die Götterwelt erreichen?

Rudolf Steiner unterscheidet innerhalb der Tierwelt weiter danach, in welcher Weise die jeweilige Tiergruppe Anteil an ihrem geistigen Ursprung hat. Der Schmetterling ist noch selig mit dem Jenseits verbunden, eine Identifikation mit dem sinnlich erscheinenden Leib gehört nicht seinem Wesen an. Die Fledermaus ist «das erste Tier von oben herab», daß sich schon dem Diesseits zuwendet, sich mit seinem Leib verbindet, aber wie vor sich selbst erschreckt. Der Vogel lebt gerade am Übergang: eingeschlossen in seinen Leib, aber noch ganz an seine himmlische Herkunft angebunden. Und das Säugetier lebt in einer Art trauernder Erinnerung an seine Herkunft und erlebt die Welt doch schon nicht mehr als Ursprung. – Der Vogel also eine Art Bürger zweier Welten: zwischen Himmel und Erde, zwischen Schmetterling und Säugetier.

Kapitel III: Von der Bedeutung der Vogelfeder

Finden wir eine Feder – etwa auf dem allmorgendlichen Weg zur Arbeit –, so finden wir ja nichts Gewöhnliches. Man findet etwas Besonderes, etwas sehr speziell Geformtes, aufs Feinste Gebildetes. Man hebt es auf, weht damit ein wenig in der Luft oder zieht mit Daumen und Zeigefinger über die Federfahne ... und denkt still in sich hinein: Was für ein Wunderwerk – vom Himmel gefallen, hier vor meine Füße ... wie eine Botschaft.

Und auch dem Vogel scheint die Feder vom Himmel geschenkt, wie vom Umkreis in ihn hineingebildet.

Vögel zeichnen sich ausnahmslos durch Ovipari, das Eierlegen, und durch das Federkleid aus. Vogel und Feder – das gehört untrennbar zusammen. Und mit den Federn ist immer der Vogel-Flügel angesprochen, beinahe unvermeidlich, und damit auch das Fliegen. Zu dieser Sichtweise wird in diesem Kapitel einiges Erhellende zu finden sein. Und nebenbei erfahren wir auch einiges über das Vogelei.

Eingeleitet werden die Textstellen zum Thema «Feder» wieder mit Ausführungen aus dem Vortragszyklus *Der Mensch als Zusammenklang des schaffenden, bildenden und gestaltenden Weltenwortes* (GA 230). Hierbei werden die Passagen zur Feder bewußt ein zweites Mal zitiert (vgl. Kap. II).

Die Feder – ein Gnadengeschenk der Sonne

Der Vogel hat eine lange planetarische Geschichte hinter sich. Der Vogel hat eine viel längere planetarische

Geschichte hinter sich als zum Beispiel, sagen wir das Kamel. Das Kamel ist ein viel später entstandenes Tier als jeglicher Vogel. Diejenigen Vögel, die zur Erde niedergezwungen sind wie der Strauß, das sind die spätest entstandenen Vögel. Diejenigen Vögel, die frei in den Lüften wohnen, Adler, Geier, sind sehr alte Erdentiere. Während sie in früheren Erdperioden, Mondperioden, Sonnenperioden eben durchaus noch alles das an sich hatten, was dann in sie übergegangen ist von innen nach auswärts bis zur Haut, hat sich später im Vogelgeschlecht im wesentlichen das ausgebildet, was Sie heute in den Federn sehen, was Sie im hornigen Schnabel sehen. Das Äußere des Vogels ist späteren Ursprungs, ist dadurch gekommen, daß der Vogel seine Kopfnatur verhältnismäßig früh ausgebildet hat, und unter den Bedingungen, in die er dann in späteren Zeiten der Erdenentwicklung hineingekommen ist, konnte er nur noch außen dasjenige hinzufügen, was in seinem Gefieder liegt. Dieses Gefieder ist dem Vogel zum Beispiel vom Mond und der Erde gegeben worden, während er seine übrige Natur aus viel früheren Zeiten hat.

Aber die Sache hat noch eine viel tiefere Seite. Schauen wir uns einmal den Vogel in den Lüften, sagen wir, den majestätisch dahinfliegenden Adler an, dem gewissermaßen wie ein äußeres Gnadengeschenk die Sonnenstrahlen mit ihrer Wirkung sein Gefieder gegeben haben – ich werde die anderen Wirkungen noch nennen –, seinen hornigen Schnabel gegeben haben; schauen wir uns diesen Adler an, wie er in den Lüften fliegt. Da wirken auf ihn gewisse Kräfte. Die Sonne hat nicht nur jene physischen Licht- und Wärmekräfte, von denen wir gewöhnlich sprechen. Ich habe Sie aufmerksam gemacht damals, als ich über die Druidenmysterien sprach, daß von der Sonne auch geistige Kräfte ausgehen. Auf diese geistigen Kräfte müssen wir hinschauen. Sie sind es, welche den verschiedenen Vogelgeschlechtern ihre Vielfarbigkeit, die besondere Gestaltung ihres Gefieders geben. Wir begreifen, wenn wir dasjenige, was die Sonnenwirkungen sind, geistig durchschauen, warum der Adler gerade sein Gefieder hat.

Dann, wenn wir uns so richtig versenken in diese Adlernatur, wenn wir verstehen, inneres künstlerisches Naturverständnis zu entwickeln, welches das Geistige mitenthält, wenn wir hinschauen können, wie künstlerisch herausgebildet wird aus den Sonnenimpulsen, die verstärkt sind durch andere Impulse, die ich nachher nennen werde, wenn wir das sehen, wie gleichsam diese Sonnenimpulse hinfluten über den Adler, schon bevor er aus dem Ei gekrochen ist, wie sie das Gefieder herauszaubern oder eigentlich, besser gesagt, hineinzaubern in seine Fleischesgestalt, und uns dann fragen: Was bedeutet denn das für den Menschen? – Ja, das bedeutet für den Menschen dasjenige, was sein Gehirn zum Träger der Gedanken macht. Und Sie sehen richtig hin in den Makrokosmos, in die große Natur, wenn Sie den Adler so ansehen, daß Sie sagen: Der Adler hat sein Gefieder, seine vielfarbigen, bunten Federn; in denen lebt dieselbe Kraft, die in dir lebt, indem sie dein Gehirn zum Gedankenträger macht. Dasjenige, was dein Gehirn faltet, was dein Gehirn fähig macht, jene innere Salzkraft aufzunehmen, die die Grundlage des Denkens ist, was dein Gehirn überhaupt dazu macht, dich zu einem Denker zu bilden, das ist dieselbe Kraft, die dem Adler in den Lüften sein Gefieder gibt. – So fühlen wir uns verwandt, indem wir denken, gewissermaßen den menschlichen Ersatz in uns fühlend für das Adlergefieder; unsere Gedanken strömen von dem Gehirn so aus, wie ausfluten von dem Adler die Federn.

Wenn wir von dem physischen Niveau heraufgehen in das astralische Niveau, dann müssen wir den paradoxen Satz aussprechen: Auf dem physischen Plan bewirken dieselben Kräfte die Federnbildung, die auf dem astralischen

Plan die Gedankenbildung bewirken. Die Federnbildung geben sie dem Adler; das ist der physische Aspekt der Gedankenbildung. Dem Menschen geben sie die Gedanken; das ist der astralische Aspekt der Federnbildung. Solche Dinge liegen manchmal in einer wunderbaren Weise im Genius der Volkssprache ausgedrückt. Wenn man eine Feder oben abschneidet und herausnimmt das, was da drinnen ist, so nennt das Volk das die Seele. Gewiß werden manche eine äußerliche Bezeichnung in diesem Namen Seele sehen. Es ist keine äußere Bezeichnung, sondern eine Feder enthält für denjenigen, der die Sache durchschaut, etwas Ungeheures: sie enthält das Geheimnis der Gedankenbildung.

Es gibt eigentlich für ein richtiges Naturgefühl, das in Schönheit leben kann, nichts Rührenderes, als die innige Verwandtschaft dessen zu fühlen, was Menschengedanke ist, wenn er so ganz konkret wird, wenn er so ganz innerlich lebendig wird, mit einem Vogelgefieder. Derjenige, der in solchen Dingen eine innere Praxis hat, der weiß ganz genau, wann er pfauenmäßig denkt und wann er adlermäßig denkt und wann er spatzenhaft denkt. Die Dinge sind durchaus so, daß mit Ausnahme davon, daß das eine astralisch, das andere physisch ist, sich die Dinge in einer wunderbaren Art entsprechen. Es ist so. So daß man sagen kann: Der Vogel hat ein so überwiegendes Leben in der Atmung, daß das andere, Blutzirkulation und so weiter, fast verschwindet. Alle Schwere der Verdauung, ja selbst die Schwere der Blutzirkulation ist eigentlich von dem In-sich-Fühlen beim Vogel weggefegt, ist nicht da.

Richten wir einmal den Blick hinauf in diejenigen Regionen, von denen wir gestern sagen mußten: wenn sie die Regionen sind, aus denen heraus das Tier seine besonderen Kräfte zieht, daß sie dann eigentlich das ganze Tier zur

Kopfesorganisation machen. Richten wir den Blick hinauf in diese Regionen. Wir sehen da, wie das Tier das, was es ist, der sonnendurchglänzten Atmosphäre verdankt. Die sonnendurchglänzte Atmosphäre muß es sein, alles das, was gewissermaßen von dem Tiere dadurch bezogen werden kann, daß es die Hauptsache seines Daseins der Atmosphäre, die sonnendurchströmt ist, verdankt. Ich habe Ihnen gestern gesagt: Davon rührt ja die eigentliche Gestaltung des Gefieders her. Das Tier hat gewissermaßen sein Wesen im Äußeren. Was die Außenwelt aus ihm macht, verkörpert sich in seinem Gefieder. Und wenn dasjenige, was aus dieser sonnendurchglänzten Luft gemacht werden kann, nicht von außen an das Wesen herangetragen wird wie beim Adler, sondern im Inneren erregt wird, wie aus dem menschlichen Nervensystem heraus, dann entstehen, sagte ich Ihnen, die Gedanken, die Gedanken des Augenblicks, die Gedanken der unmittelbaren Gegenwart.

Die Feder – ein beseelter Gedanke

Wir sprachen von dem Adler als dem Repräsentanten der Vogelwelt, als demjenigen Tier, das sozusagen zusammenfaßt die Eigenschaften und Kräfte der Vogelwelt. Und indem wir den Adler betrachten, betrachten wir eigentlich dasjenige, was im kosmischen Zusammenhange der ganzen Vogelwelt obliegt. Ich werde also in Zukunft einfach vom Adler sprechen. – Ich habe Ihnen davon gesprochen, wie eigentlich der Adler dem Kopf des Menschen entspricht, und wie diejenigen Kräfte, die im Menschenkopf die Gedanken auslösen, bei dem Adler das Gefieder auslösen. So daß eigentlich in dem Adlergefieder die sonnendurchströmten Luftkräfte, die lichtdurchströmten Luftkräfte wirken. Das schimmert in dem Adlergefieder: die Luftkraft lichtdurchdrungen.

Der Adler verdaut wie jeder Vogel oberflächlich. Es wird alles nur angefangen sozusagen, das Verdauungsgeschäft nur angefangen. Und ich möchte sagen, es ist im Adlersein dieses Verdauen, wenn wir auf das Ganze sehen, eigentlich ein Nebengeschäft des Daseins; es wird überall im Adler als ein Nebengeschäft behandelt. Dagegen verläuft gründlich im Adler alles, was auf sein Gefieder verwendet wird. Bei anderen Vögeln ist gerade das noch stärker. Da wird mit ungeheurer Sorgfalt alles in den Federn ausgearbeitet. Und solch eine Vogelfeder ist eigentlich ein wunderbares Gebilde.

Die Feder – ein Bild der Richtkräfte für das Ich im Umkreis

> Der Bau der Feder ist ein Real-Bild der Fähigkeit, sich mit dem Umkreis in Verbindung zu setzen. Jede Feder ist somit eine Art Strahl, durch den der Umkreis sich auf einen bestimmten Punkt des Vogelleibes konzentriert. Es ist daher kein Wunder, wenn Rudolf Steiner die Feder mit dem menschlichen Gedanken und den ganzen Vogel mit der Hauptesbildung gleichsetzt, ja wenn er die Feder sogar als ein Real-Bild des Ich auffaßt.

Geradeso wie der Mensch ist ja natürlich auch das Vogelgeschlecht aus der ganzen Weltenordnung herausgewachsen. Aber dieses Vogelgeschlecht, das zeigt uns die in der Welt waltenden Geheimnisse nach einer gewissen Richtung hin wesentlich deutlicher, als wir das zunächst beim Menschen sehen können, bei dem wir es erst dann wiederum in einer komplizierteren Weise anwenden müssen.

Was ist denn das Charakteristische des Vogelgeschlechtes? Das Charakteristische des Vogelgeschlechtes ist, daß der Vogel vor unsere Weltenordnung, insoweit sie uns in der physischen Sphäre gegeben ist, zunächst in der Eiform an die äußere Weltöffentlichkeit tritt, wenn ich so sagen darf. Der Vogel tritt in der Eiform vor die Weltöffentlichkeit. Dann muß das Ei zerschlagen werden. Der Vogel entwickelt sich aus dem Ei heraus, und es wird Ihnen ja bekannt sein – denn das werden Sie ja doch wohl schon gesehen haben, wie solch ein Hühnchen aussieht, wenn es eben aus dem Ei geschlüpft ist –, es wird Ihnen schon aufgefallen sein, wie eigentlich erst mit dem Ausschlüpfen aus dem Ei so recht lebendig wird das Wachstum dessen, was Federn sind und so weiter. Nun, diesen Gegensatz, wenn ich so sagen darf, des Eidaseins und des äußeren Daseins dann mit den Federn, den finden wir ja beim Menschen zunächst nicht so deutlich zum Ausdrucke gekommen. Der Mensch wird ja nicht im Ei in die Weltöffentlichkeit versetzt, und es wird ihm ja auch später erlassen, mit einer solchen Vorbereitung diese Welt zu betreten, daß ihm Federn wachsen. Aber was haben wir da für einen Gegensatz im Vogelgeschlecht in bezug auf die Eiform und auf die spätere Lebensform?

Wenn Sie das Ei ganz äußerlich betrachten, so tritt Ihnen ja natürlich zunächst die kalkige Schale entgegen. Diese kalkige Schale hat eine gewisse Form. Aber im Grunde genommen können Sie nicht diese kalkige Schale zu etwas Wesentlichem beim Vogel rechnen, denn sonst könnte man sie nicht abfallend haben. Sie kann nicht zu etwas Wesentlichem beim Vogel gehören. Man kann sie, wenn man trivial spricht, eine Schutzhülle des jungen Wesens nennen. Aber jedenfalls, in die Form des Vogels hinein wirkt ja eigentlich nicht etwas, was in der Kalkschale besonders lokalisiert ist. Wir haben also diese Absonderung der Materie in der äußeren Schale. Diese Absonderung der Materie haben wir wie etwas, was aus der Organisation des Vogels herausgestoßen wird, wie etwas, was abgeworfen wird, etwas, was gewissermaßen der Vogel in der späteren Zeit zu seiner Entwicklung nicht brauchen kann; es ist also etwas, was herausgeworfen wird. Es müssen also in dem Wesen dadrinnen Kräfte sein, welche dasjenige, was da im Ei ist, absondern, aus sich herauswerfen.

Wenn man diese ganze Sache betrachtet, so kommt man eigentlich innerhalb dessen, was sich an Naturgesetzlichkeit innerhalb des Irdischen darbietet, nicht damit zu Rande. Man muß da zu Hilfe nehmen, was in der *Geheimwissenschaft im Umriß* gesagt ist. In der *Geheimwissenschaft* haben Sie ja den Hinweis darauf, wie in einer gewissen Epoche der Entwicklung unserer Erde sich der Mond absondert von der Erde, wie die Materie des Mondes herausgesondert wird aus der Erde. Diesen Prozeß ahmt eigentlich dasjenige nach, was hier stattfindet in einer gewissen Weise. Geradeso wie die Bildungskräfte des ganzen Erdenkosmos einstmals die Mondenkräfte von sich abgesondert haben, so sondert die Materie des Vogels diese Kalkschale ab als etwas, man möchte sagen, Übermineralisches. Und was ist denn das, was da in dieser Kalkschale zunächst drinnen war?

Dasjenige, was in dieser Kalkschale zunächst drinnen war, das ist ja durch diese Kalkschale geschützt gewesen vor den Kräften, die im Umkreis der Erde wirken. Würde das Hühnchen zu früh diesen Kräften ausgesetzt sein, sagen wir, der Sonne zu früh ausgesetzt sein, so würde es ja selbstverständlich absterben. Es würde nicht aushalten die Kräfte, die im Umkreis der Erde sind. Es handelt sich also darum, daß das Wesen, das da durch die Kalkschale geschützt ist, in einer Welt lebt, die eigentlich nicht die irdische ist.

Was ist das für eine Welt, in der dieses durch die Kalkschale geschützte Wesen lebt? Diese Welt ist diejenige, die wir durchgemacht haben durch Saturn-, Sonnen- und Mondenentwicklung und die aufgehört hat, die jetzt als

Erdenentwicklung nicht mehr da ist. Es ist eben durchaus die Vergangenheit in dem Gegenwärtigen noch darinnen. Und wenn wir uns sagen: Alles, was außerhalb einer Eischale ist, gehört zur Erde –, so haben wir in dem, was innerhalb einer Eischale ist, alles das, was nicht zur Erde gehört, was mit der Erde selber nichts zu tun haben will, was gewissermaßen nicht mitmachen will die Erdenentwicklung. Denn es muß erst heranreifen, die Schale zerbrechen und dann reif geworden sein zur Erdenentwicklung.

Hier ist auch der Punkt, wo man auf etwas anderes aufmerksam machen darf. Man darf auf folgendes aufmerksam machen: Nicht wahr, nicht alle Wesen, die veranlagt sind im Ei, werden wirklich geboren. Eine ganze Menge von Vogeleiern gehen zugrunde, und gar erst von den Eiern zum Beispiel von Fischen und dergleichen, das geht ja alles zugrunde. Und außerdem – ich weiß nicht, ob es immer opportun ist, die Dinge so ganz trocken auseinanderzusetzen, die Menschheit liebt ja, vieles im Unbewußten zu lassen, aber gegenüber den kommenden Zeiten ist der Menschheit eine gewisse Summe von Erkenntnissen notwendig, und man muß sich eben nicht weiter verschließen vor diesen Erkenntnissen –, außerdem geht ja eine große Zahl von Vogeleiern auch dadurch zugrunde, daß die Menschen sie essen. Die erreichen ja ihr Ziel nicht. Und es ist nun die Frage: Was geht mit alledem vor, was also einschließlich des letzteren Faktums sich entwickelt vom Eiinhalt, ohne daß es zum reifen Hühnchen oder reifen Vogel oder reifen Fisch auf der Erde wird, was geht mit alldem vor? – Der gewöhnliche Materialist wird sagen: Nun ja, da schafft die Natur halt unsinnig, ins Blinde hinein, und so und so viel von dem, was die Natur schafft, geht eben einfach zugrunde. – Das ist aber nicht richtig, sondern diejenigen Wesenssubstanzen, die da in der Eischale drinnen sind in irgendeiner Weise, die werden nur nicht reif für das Erdendasein, aber sie sind reif in ihren Kräften für das vorirdische Dasein, für das Dasein, das wir selbst, das die Erdenwesen durchgemacht haben während der Saturn-, Sonnen- und Mondenzeit. Und das ist das luziferische Dasein. Sie werden Substanzen, aus denen sich das luziferische Dasein weiter nährt. Alles, was an Eiern zugrunde geht, gibt den Wesenheiten, gibt gewissen geistigen Wesenheiten Nahrung. Nun wollen wir aber dasjenige betrachten, was die Erde betrifft.

Wir haben also, wenn wir das Vogelgeschlecht betrachten, zunächst das Luziferische in dem Ei-Inhalte gegeben, das, was als solches mit der Erde nichts zu tun haben will, was nicht auf der Erde da sein will, was sich, ich möchte sagen, mit einer Mauer umgibt gegen die Gesetze der Erde, die erst dann eingreifen, wenn dasjenige, was sonst auf der Erde wirkt, Wärme, Licht, die Hülle gesprengt hat.

Und was greift da ein? Da greifen ein die entgegengesetzten Kräfte. Wenn Sie das Vogelei vor sich hinlegen, so können Sie sich sagen: Dadrinnen sitzt in seiner Wesenheit Luzifer. Wenn Sie einem Vogel die Federn auszupfen, dann können Sie sagen: Hier habe ich das reinste Bild der ahrimanischen Richtungskräfte. Da wirken die ahrimanischen Richtungskräfte, auch bei den feinen, daunenhaften Federchen, die Sie beim auskriechenden Küchlein finden. Da haben schon die ahrimanischen Kräfte durch die Schale hindurch gewirkt. Sie waren schon im Kampfe mit demjenigen, was sich durchaus nicht von Federn durchziehen lassen will. Wenn Sie also das Federkleid des Vogels betrachten, dann haben Sie das reinste Bild des Ahrimanischen.

Daher können Sie sagen: Schaue ich ein Ei an, so verhüllt sich mir Luzifer. Er verrät sich mir nur durch die äußere Gestalt, die er abwirft, durch dasjenige, was an Materie ausgeworfen wird in gewisser Weise. – Was also abfällt, ob es eine Vogeleischale ist, ob es eine Schlangenhaut ist, die abgeworfen wird und so weiter, das ist aus dem luziferischen Prinzip, aus den luziferischen Kräften herausgeworfen. In dem, was da abgeworfen wird, kann man noch etwas sehen von der eigentlichen Gestaltung der luziferischen Kräfte. Sie wirken eigentlich, wenn sie rein wirken, in Spiralen. Und in demjenigen, was Sie als Federkleid haben, oder was Sie überhaupt so haben, daß es von außen sich in das Leibliche hineinversetzt, da haben Sie das Ahrimanische. Das wirkt in seinen Richtungskräften tangential. Nehmen Sie einen Pfauenschwanz und betrachten Sie ihn recht genau und denken Sie sich dabei: Das ist das reinste Bild von ahrimanischen Richtekräften.

Nun, natürlich müssen Sie sich klar sein darüber, daß überall Luzifer und Ahriman ineinander- und durcheinanderwirken, daß wir also nur Bilder davon haben. Aber diese Bilder sind tatsächlich im Vogelgeschlechte am allerschönsten zu haben; denn wir brauchen nur dieses Vogelgeschlecht so zu betrachten, wie ich es eben hingestellt habe.

Nun bleiben aber natürlich die Kräfte, die innerhalb der Eischale sind, im Vogel drinnen auch tätig. Der Vogel hat also diese Kräfte, die da innerhalb der Eischale drinnen waren, ringsherum die ahrimanischen Kräfte im Federkleide. Beim Vogel haben Sie auch noch die Möglichkeit, geradezu lokalisieren zu können das Ätherische und das Physische. Wenn Sie nämlich all das nehmen, was der Vogel behält von dem Luziferischen, das erst in der Eischale drinnen war, was er da behält an Wachstumkräften, dann haben Sie dasjenige, was dem Ätherleib unterliegt. [...] So daß man beim Vogel auch sagen kann: Was der Vogel mitbekommt an Erbschaft aus dem Ei, das steht zeitlebens, zeitvogellebens unter dem Einfluß der Lebenskräfte, der ätherischen Kräfte. Und was er sich angliedert als sein Federkleid, das steht zeitlebens unter dem Einfluß der physischen Kräfte. Und das, was dazwischen ist, sein Fleisch, die Muskeln und so weiter, das steht zeitlebens unter dem Einfluß der astralischen Kräfte. Beim Vogel haben wir also eine Möglichkeit, gewissermaßen zu lokalisieren: das Astralische im Fleisch und den Muskeln, das Physische im Federkleide und das Ätherische in demjenigen, was ihm als Wachstumskräfte aus dem Ei-Inhalte bleibt.

Beim Menschen ist das viel komplizierter. Der Mensch lebt nicht äußerlich in einem Ei. Er entwickelt im Leibe der Mutter sein Luziferisches, das der Vogel noch nach außen trägt. Daher kommt auch noch nicht Ahriman über ihn im Leibe der Mutter. Beim Vogel ist das so, daß er gewissermaßen zeigt, wie er das Luziferische, ohne daß es eigentlich auf Abwege gerät, herausträgt in die Welt, und wie er auch wiederum das Ahrimanische annimmt. Beim Menschen können Sie das einzelne an Beispielen mit besonderer Deutlichkeit sich ausprägen sehen. Zwischen den Menschen und dem Vogelgeschlecht können wir ja dann das Säugetiergeschlecht einfügen.

Beim Menschen haben Sie zunächst einen sehr merkwürdigen Unterschied gegenüber dem Vogel. Nehmen Sie die Vogelbeine. Die Vogelbeine sind in der Regel, wenn Sie die Menschenbeine dagegen betrachten, eigentlich recht verkümmerte Organe. Woher mag das kommen, daß der Vogel gerade solche Beine hat, wie er hat? Nehmen Sie Spatzenbeine: Was sind das für jämmerliche Stäbe gegenüber dem, was der Mensch als seine stolzen Beine hat, nicht wahr! Nehmen Sie also diese verkümmerten Vogelbeine – ja, wenn Sie die ganze verkümmerte Gestalt des Vogels betrachten, werden Sie sich sagen: Der Vogel ist ja zunächst für das Fliegen berechnet, er hebt sich von der Erde ab, daher auch die Gestalt seiner Beine. Sie sind gewissermaßen nur Andeutungen seiner Zugehörigkeit zur Erde. Der Mensch hebt nicht seine Beine von der Erde ab. Der Mensch kann nicht fliegen. Er setzt seine beiden Beine wie stolze Säulen auf die Erde hin. So wie sie ausgebildet sind, diese Beine, sind sie wesentlich eine Erdengabe. Der Vogel bekommt diese Erdengabe nicht, weil er gar nicht in dieser Weise an die Erde gebunden ist, weil er von der Erde abgesondert ist. Und der Mensch ist, indem er diese Erdengabe bekommt, in dieser Erdengabe mehr an die ahrimanischen Kräfte gebunden als der Vogel. Der Vogel bekommt gewissermaßen auch seine ahrimanischen Kräfte nicht so fertig von der Erde her wie der Mensch. Beim Menschen schießt, sproßt Ahriman in die Beine und von da aus in den ganzen übrigen Organismus herauf. Beim Vogel sproßt Ahriman in die Federn.

Nun, wenn Sie sich den Menschen anschauen, wie er mehr für die Erde gebaut ist schon seinen Beinen nach, dann werden Sie wiederum sich sagen können: Warum hat der Mensch keine Federn? – Der Mensch hat keine Federn, weil er eben nicht als Vogel für die Erde gebaut ist. Würde der Mensch in der Luft herumfliegen, würde er eben auch Federn haben, weil dann die ahrimanischen Kräfte von ganz andern Richtungen her auf ihn wirken würden. So hat er nur diese wenigen Ansätze des Ahrimanischen, die in den Haaren vorliegen. Das sind die ahrimanischen Ansätze, die er hat. Sie sind im Kopf am stärksten, was schon ein Beweis dafür ist, daß der Kopf beim Menschen sehr viel Ahrimanisches hat, was wir ja auch aus andern Erkenntnissen bereits geschöpft haben.

Wenn Sie die Säugetiere betrachten, so werden Sie sich sagen: Die sind noch mehr an die Erde gebunden als der Mensch. Diese Säugetiere sind auch mit dem an die Erde gebunden, womit der Mensch nicht an die Erde gebunden ist, zum Beispiel mit den vorderen Gliedmaßen; denn die Affen gehen auch nur in seltenen Fällen aufrecht, und das tun selbst die Hunde, wenn sie aufwarten, aber es ist ihnen nicht natürlich. Es ist selbst dem Gorilla nicht natürlich, aufrecht zu gehen, er klettert; es sind wirkliche Greiforgane, sie sind zum Fortbewegen, diese vorderen

Gliedmaßen. Der Mensch ist also halb abgehoben von der Erde, der Vogel ist ganz abgehoben von der Erde, das Säugetier ist mit seinen vorderen Gliedmaßen ebenso wie mit seinen hinteren Gliedmaßen an die Erde gebunden. Es ist also ganz und gar ein Erdenwesen in gewisser Beziehung. Der Mensch macht sich wieder frei von der Erde durch die aufrechte Stellung seines Rückgrats, das Säugetier ist ganz und gar an die Erde gebunden. Danach ist auch die ganze übrige Gestalt des Säugetieres gebaut. Das Säugetier hat von der Region, von der der Vogel seine Federn hat, gewissermaßen nur seine Haare, die eigentlich von außen eingebaut sind in den Organismus.

Wenn Sie das alles berücksichtigen, so werden Sie sich sagen: Man kann, wenn man die Beziehungen eines Wesens – eines Säugetieres, Vogels, Menschen, und man könnte jetzt auch auf die andern Wesen übergehen –, man kann, wenn man das Verhältnis dieser Wesen zur Umwelt betrachtet und einen vollständigen Überblick hat, aus dem Verständnisse für das Verhältnis zur Umwelt die Gestalt des Wesens finden. – Sie können sich die Gestalt konstruieren. Sie können sich sagen, der Vogel hat in sich das luziferische Prinzip, welches die Erde ganz und gar nicht mag, daher sondert sich der Vogel in seinem Ei solang als möglich von der Erde ab; dann gelangt er dazu, daß die Erde möglichst wenig auf ihn wirkt. Seine Beine bleiben verkümmert, und die die Erde umgebenden Kräfte, die nächsten Kräfte der Erde, die in dem Wärmemantel die Erde umgeben, die wirken dann auf den Vogel. Er wird daher diejenige Gestalt bekommen müssen, die er eben hat: verkümmerte Beine und so weiter. Der Mensch ist an die Erde gebunden durch die unteren Gliedmaßen; er macht sich frei. Das Säugetier steht mitten drinnen, steht mit vier Säulen auf der Erde auf: es wird aus der Erde herausgebildet. Es sind also die aus der Erde direkt herauswirkenden Kräfte, die vorzugsweise auf das Säugetier wirken.

Solche Dinge hat eine ältere, instinktive Wissenschaft sehr gut gekannt. Daher hat sie in dem, was beim Menschen sich am unabhängigsten von der Erde bildet, weil es eigentlich nur eine Metamorphose des früheren Erdenlebens ist, daher hat eine frühere Anschauung im Kopfe des Menschen einen Vogel, einen Adler gesehen. In dem Gliedmaßen-Stoffwechselmenschen, der ganz zur Erde hin organisiert ist, hat eine frühere Anschauung gesehen einen Ochsen oder einen Stier oder eine Kuh, weil das ein Tier ist, das nun ganz zur Erde hin organisiert ist. In dem mittleren Teile des Menschen, der gewissermaßen das Verbindungsglied zwischen dem Adler und der Kuh oder dem Kalb ist, in diesem mittleren Menschen hat man dasjenige gesehen, was allerdings sich loslöst in einer gewissen Weise gerade durch den Stoffwechsel von dem Irdischen; das können Sie daraus sehen, nicht wahr, daß der Löwe einen sehr kurzen Darm hat. Sein Stoffwechselsystem ist außerordentlich primitiv, dagegen ist sein Brustsystem, sein Herzsystem in ganz besonderer Weise ausgebildet. Daher auch seine Leidenschaft, seine Wut und so weiter. Den Löwen hat die ältere, instinktive Anschauung in dem mittleren Teil des Menschen gesehen. Das waren durchaus Anschauungen, die auf etwas fußten.

Nun müssen wir in einer andern, ich möchte sagen, viel bewußteren Weise wiederum auf diese Dinge zurückkommen. Wir müssen uns zum Beispiel klarwerden, daß wir Menschen mit unserem Ich uns von allen Tieren unterscheiden. Unser Ich ist ja für die weitaus meisten Menschen heute noch ein sehr schlafendes Organ.

Unser Ich ist für das gewöhnliche Bewußtsein eigentlich dadurch bemerkbar, daß es für das Bewußtsein nicht da ist; es ist schon da, aber für das Bewußtsein ist es nicht da. Es fehlt einem etwas an der Stelle, und daher sieht man das Ich. Es ist wirklich so, wie wenn man eine weiße Wand hat und eine Stelle nicht mit Weiß bestrichen hat; dann sieht man das Schwarze. Und so sieht man als das Ausgelöschte eigentlich unser Ich im gewöhnlichen Bewußtsein. Und so ist es auch während des Wachens: das Ich ist eigentlich zunächst immer schlafend; aber es scheint durch als Schlafendes durch die Gedanken, die Vorstellungen und durch die Gefühle, und daher wird das Ich auch im gewöhnlichen Bewußtsein wahrgenommen, das heißt, es wird vermeint, daß es wahrgenommen werde. Wir können also sagen: Unser Ich wird eigentlich zunächst nicht unmittelbar wahrgenommen.

Nun glaubt eine vorurteilsvolle Psychologie, Seelenlehre, daß dieses Ich eigentlich im Menschen drinnensitzt; da, wo seine Muskeln sind, sein Fleisch ist, seine Knochen sind und so weiter, da sei auch das Ich drinnen. Wenn man das Leben nur ein wenig überschauen würde, so würde man sehr bald wahrnehmen, daß es nicht so ist. Aber es ist schwer, eine solche Überlegung heute vor die Menschen hinzubringen. Ich habe es im Jahre 1911 schon versucht in meinem Vortrage auf dem Philosophenkongreß in Bologna. Aber diesen Vortrag hat ja bis heute keiner noch verstanden. Ich habe da versucht zu zeigen, wie es eigentlich mit dem Ich ist. Dieses Ich liegt eigentlich in jeder Wahrnehmung, das liegt eigentlich in alldem, was Eindruck auf uns macht. Nicht dadrinnen in meinem Fleische und in meinen Knochen liegt das Ich, sondern in demjenigen, was ich durch meine Augen wahrnehmen kann. Wenn Sie irgendwo eine rote Blume sehen: in Ihrem Ich, in Ihrem ganzen Erleben, das Sie ja haben, indem Sie an das Rot hingegeben sind, können Sie ja das Rot von der Blume nicht trennen. Mit alldem haben Sie ja zugleich das Ich gegeben, das Ich ist ja verbunden mit Ihrem Seeleninhalt. Aber Ihr Seeleninhalt, der ist doch nicht in Ihren Knochen! Ihren Seeleninhalt, den breiten Sie doch aus im ganzen Raume. Also dieses Ich, das ist noch weniger als die Luft in Ihnen, die Sie eben einatmen, noch weniger als die Luft, die vorher in Ihnen war. Dieses Ich ist ja verbunden mit jeder Wahrnehmung und mit alldem, was eigentlich im Grunde genommen außer Ihnen ist. Es betätigt sich nur im Inneren, weil es aus dem Wahrnehmen die Kräfte hineinschickt. Und ferner ist das Ich noch verbunden mit etwas anderem: Sie brauchen nur zu gehen, das heißt, Ihren Willen zu entwickeln. Da allerdings geht Ihr Ich mit, beziehungsweise das Ich nimmt an der Bewegung teil, und ob Sie langsam schleichen, ob Sie laufen, ob Sie im Kiebitzschritt sich bewegen oder irgendwie sich drehen und dergleichen, ob Sie tanzen oder springen, das Ich macht alles das mit. Alles was an Betätigung von Ihnen ausgeht, macht das Ich mit. Aber das ist ja auch nicht in Ihnen. Denken Sie, es nimmt Sie doch mit. Wenn Sie einen Reigen tanzen – glauben Sie, der Reigen ist in Ihnen? Der hätte ja gar nicht Platz in Ihnen! Wie hätte der Platz? Aber das Ich ist dabei, das Ich macht den Reigen mit. Also in Ihren Wahrnehmungen und in Ihrer Betätigung, da sitzt das Ich. Aber das ist eigentlich gar nie in Ihnen im vollen Sinne des Wortes, etwa so, wie Ihr Magen in Ihnen ist, sondern das ist eigentlich immer etwas, dieses Ich, was im Grunde außerhalb Ihrer ist. Es ist ebenso außerhalb des Kopfes, wie es außerhalb der Beine ist, nur daß es im Gehen sich sehr stark beteiligt an den Bewegungen, welche die Beine machen. Das Ich ist wirklich sehr stark beteiligt an der Bewegung, welche die Beine machen. Der Kopf aber, der ist an dem Ich weniger beteiligt.

Worin lebt das Ich des Menschen? Kann man irgendwie das sehen, worin das Ich des Menschen lebt?

Nun, etwas annähernd kann man es schon sehen in dem, was sich entwickelt in den Federn der Vögel. Der Mensch bekommt keine Federn, aber sein Ich lebt in den Kräften, die in unserer Umgebung sind und die beim

Vogel die Richtkräfte für seine Federn sind. Darin lebt das Ich äußerlich. Und wir können diese Richtkräfte noch deutlicher sehen. In den Vogelfedern sehen wir sie gewissermaßen festgehalten durch den Vogelkörper; aber diese Kräfte bilden zu gleicher Zeit die Richtlinien für frei sich bewegende Wesen: das sind die Insekten. Wenn Sie die herumschwirrenden Insekten sehen und sie imaginativ erfassen, dann haben Sie in diesem ein Bild von dem, worin Ihr Ich lebt. Denken Sie sich einmal in Ihrer Umgebung herumschwirrende Insekten: Käfer, Fliegen, schöne Schmetterlinge, häßliche Bremsen und Hummeln und alles mögliche; denken Sie sich das alles, was da in den verschiedensten Richtlinien um Sie herumschwebt: da wird äußerlich sichtbar dasjenige, in dem Ihr Ich tatsächlich drinnen lebt. Und es ist mehr als ein bloßes Bild, wenn man sagt: Da leben häßliche Gedanken, wie Hummeln, wie Bremsen, schöne Gedanken wie Schmetterlinge; manches Menschen Gedanken beißen einen wie böse Fliegen und so fort. Nur ist das eine geistig, das andere physisch. Des Menschen Ich lebt eben durchaus in der Umgebung.

Das hat eine außerordentlich starke Tragweite, und es beruht vieles von wirklicher Weltenerkenntnis darauf, daß man dasjenige, was man sieht, richtig taxiert, daß man nicht bloß im allgemeinen von einem Geiste schwefelt und schwabelt, sondern daß man dasjenige, was man in abstrakt-geistiger Form meinetwillen innerhalb seines Ich erlebt, auch im Bilde draußen sehen kann. Denn alles, was geistig vorhanden ist, ist auch im Bilde in der Welt vorhanden. Irgendwo ist das, was bloß geistig vorhanden ist, auch im Bilde vorhanden. Man muß nur richtig das Bild zu taxieren wissen. Und wenn da das Ahrimanische in unser Ich hereinkommt, indem das Ich sich in den Schmetterlingen und in den Vogelfedern da draußen, das heißt, in den Richtkräften da draußen findet, so hat unser Ich aber wiederum die Fähigkeit, sich allerlei Formen von innen zu bilden. Wir konstruieren uns ja den Kreis, wir konstruieren die Eiform, das Dreieck; wir bauen uns auch aus dem Inneren eine Welt auf. Und wenn wir darnach forschen, so werden wir finden: Das sind gerade diejenigen Kräfte, die herausgeworfen werden aus dem luziferischen Prinzip.

Ich habe neulich gesagt: Die Mathematiker, wenn sie den Raum studieren, sollten die Beziehung der Raumdimensionen zum Hühnerei einmal ins Auge fassen; da würde etwas sehr Interessantes herauskommen. Das ist der Gegensatz: Wir leben mit dem Ich sowohl in den Formen, die wir in dieser Weise in die Welt hineinkonstruieren können, wie in demjenigen, was aus der Welt herauskonstruiert ist. Wir leben auf der einen Seite in dem, was sich im Hühnerei von der Welt abschließt durch die Schale, im Luziferischen; wir erleben in demjenigen, was sich einsetzt in dem Vogelleib in den Federn und was herumflattert in den Schmetterlingen und in den Insekten überhaupt, mit unserem Ich die Wahrnehmung und die Teilnahme an unseren Bewegungen.

Ja, wer die verschiedenen wunderbaren Schattierungen der Vogelwelt versteht, der versteht auch manches von der Beschaffenheit der Menschenseele in ihrem Verhältnis zur Welt. Denn was der Vogel in seinem Gefieder nach außen kehrt, was er uns entgegenschimmern läßt, das schimmert durch unser Ich in dem verflimmernden, verschillernden, verglitzernden Wahrnehmen von außen nach innen.

So muß man versuchen, die Welt mit Hilfe der Bilder zu erfassen. Unsere heutige abstrakte Wissenschaft erfaßt eben das Allerwenigste von der wirklichen Welt.

Die Feder – eine Bildung aus dem Umkreis

Im Laufe der atlantischen Zeit traten ganz andere Verhältnisse ein. Merken Sie wohl, daß ich gesagt habe: diese

Stierkräfte, diese Löwenkräfte wirkten so, als wenn sie vom Innern der Erde nach der Oberfläche wirkten, gleichsam ausströmten vom Innern der Erde. – Die Kräfte, welche sich während der atlantischen Zeit mit diesen von der Erde ausströmenden Kräften verbanden, kamen nun von außen, gleichsam aus dem Umkreis herein, so daß während der atlantischen Zeit solche Kräfte eingriffen, die wir uns von unten nach oben in den Menschen hineingreifend und gestaltend zu denken haben, und von oben nach unten gehend andere Kräfte in den Menschen hereinfließend aus dem Weltenraum. Da wurde also jener Schemen oder Schatten des Menschen wiederum ausgesetzt anderen Kräften, die aber jetzt von anderer, ganz entgegengesetzter Richtung her auf den Menschen einwirkten.

Um uns eine Vorstellung von diesen Kräften zu machen, müssen wir uns fragen: In welchen Wesenheiten auf der Erde wirkten vorzugsweise, unbeirrt durch die anderen Kräfte, diese Kräfte, die also wie aus dem Himmelsraume auf die Erde einströmten? Auch da können wir gewisse Wesenheiten in unserer Umgebung aufzeichnen, von denen wir sagen können: bei ihnen waren die Stierkräfte, die Löwenkräfte, die vom Innern der Erde kommen, möglichst gering wirksam, möglichst schwach wirksam. Dagegen waren bei ihnen fast ausschließlich wirksam die aus dem Weltenraum auf die Erde herunterwirkenden, in die Erdensubstanz einströmenden Kräfte. Diese Wesenheiten sind die dem Vogelreich angehörenden. Und unsere abstrakte Zoologie wird einmal recht sehr staunen müssen, wenn sie sich wird sagen müssen: Ganz anders geartet als bei den Säugetieren sind die Kräfte, die auf das Vogelreich hauptsächlich wirken und im weiteren Sinne auch auf alles dasjenige, was sich fortpflanzt durch nach außen abgelegte Eier. Bei all den Wesenheiten also, wo die Fortpflanzung so geschieht, besonders aber im Vogelreich, wirken im wesentlichen auf die Gestaltung aus dem Weltenraum hereindringende Strömungen. Diese Kräfte werden esoterisch zusammengefaßt unter dem Namen Adler.

Wenn Sie das ganz anders Geartete der Vogelwelt ins Auge fassen, so werden Sie nicht lange daran zweifeln können, daß die ganze Vogelgestaltung etwas wesentlich anderes ist als die Gestaltung zum Beispiel der Säugetiere. Ich will heute auf die anderen Wesen des Tierreichs nicht eingehen. In der Vogelgestaltung liegt etwas, was auch dem hellseherischen Blick sich in ganz besonderer Weise aufdrängt. Während wir bei den Säugetieren überall, wohin wir hellseherisch blicken mögen, ganz besonders mächtig ausgebildet finden den astralischen Leib, tritt uns hellseherisch in der Vogelwelt als das Hervorstechendste ganz besonders der Ätherleib entgegen. Der Ätherleib, der von außen herein durch die Kräfte des Weltenraumes angeregte Ätherleib, ist es, der die Federn der Vögel zum Beispiel zum Ausdruck bringt, die Feder, das Gefieder. Von außen wird das alles gestaltet, und eine Vogelfeder kann nur dadurch entstehen, daß die Kräfte, welche von dem Weltenraum auf die Erde herunterwirken und mitwirken bei der Ausbildung der Vogelfeder, stärker sind als die Kräfte, die aus der Erde kommen. Dasjenige, was der Feder zugrunde liegt, was man als den Schaft der Feder bezeichnen kann, unterliegt allerdings gewissen Kräften, die aus der Erde kommen. Dann aber sind es die Kräfte, die aus dem Weltenraum wirken, die dasjenige angliedern, was sich an den Schaft der Feder anfügt und was konstituiert das äußere Gefieder des Vogels. Ganz anders ist es bei den mit Haaren bedeckten Wesenheiten. Da wirken bis in die Haare hinein vorzugsweise die Kräfte, die von der Erde nach auswärts, also in der entgegengesetzten Richtung wirken als bei der Vogelfeder. Und weil da nur im geringeren Maße die Kräfte aus dem Weltenraum auf die Haare der Tiere und der Menschen wirken können, so kann das Haar nicht zur Feder werden, wenn ich diesen paradoxen Ausdruck gebrauchen darf. Er entspricht völlig der Wirklichkeit, und man könnte, wenn man die Paradoxie fortsetzen wollte, sagen: Jede Vogelfeder hat die Tendenz, ein Haar zu werden, aber sie ist kein Haar, weil die Kräfte des Weltenraums von allen Seiten auf die Vogelfeder einwirken. Und jedes Haar hat die Tendenz, eine Feder zu werden, und es wird das Haar keine Feder aus dem Grunde, weil die Kräfte, welche von der Erde nach aufwärts wirken, stärker sind als die Kräfte, die von auswärts hereinwirken.»

Vom Mausern der Gedanken

Alljährlich mausern sich die Vögel. Sie werfen die abgenutzten Federn ab und lassen sich ein neues Federkleid wachsen – oft sogar mehr als einmal im Jahr. Allerdings nimmt die Neubildung ihre Zeit in Anspruch, so daß der Ausfall einer Feder eine temporäre Lücke im Federkleid hinterläßt. Das kann vielfach so weit gehen, daß die Vögel während ihrer Mauserphase flugunfähig werden.

Wann, wie oft und in welchem Rhythmus das geschieht, das ist von Art zu Art verschieden. Singvögel mausern sich teils im Brut-, teils im Überwinterungsgebiet, teils auch auf dem Rückflug ins südliche Winterquartier. Entenvögel mausern sich im Spätsommer ins Schlichtkleid, so daß auch die Männchen wie die unauffälligen Weibchen gefärbt sind, um sich dann aber im Herbst bzw. Frühwinter für die Verpaarung wieder ins Prachtkleid durchzumausern. Mal wird nur das Kleingefieder, mal nur das Großgefieder gewechselt. – Wie dem auch sei, die Vögel werfen ihre Federn ab, jedes Jahr aufs neue.

Gibt es beim Menschen etwas Vergleichbares? Insofern die Feder das physische Bild des menschlichen Gedankens ist, müssen wir uns auf die Suche nach etwas begeben, was als eine Art «Mausern» der Gedanken beschrieben werden könnte.

Rudolf Steiner äußert sich in diesem Sinne einmal zu den Mitgliedern der Anthroposophischen Gesellschaft im Januar 1923:

Realitäten entstehen überhaupt niemals durch das, was man schreibt oder druckt, sondern Realitäten entstehen durch dasjenige, was lebt. Und es kann das Geschriebene oder Gedruckte eben nur ein Ausdruck des Lebens sein. Ist es ein Ausdruck des Lebens, dann ist eine Realität vorhanden. Ist aber das Geschriebene und Gedruckte nur Geschriebenes und Gedrucktes, das konventionell in seiner Bedeutung festgelegt wird, dann ist es Kadaver. Denn in dem Momente, wo ich irgendetwas niederschreibe, mausere ich meine Gedanken. Sie wissen, was «mausern» heißt; wenn der Vogel seine Federn abwirft, da wird das Tote abgeworfen. Solch ein Mausern ist es, wenn ich irgendetwas aufschreibe. Heute, da streben eigentlich die Leute nur nach Mausern der Gedanken: sie wollen alles in Aufgeschriebenes verwandeln. Aber so einem Vogel würde es furchtbar schwer, wenn er sich eben gemausert hätte, gleich wieder zu mausern. Wenn irgend jemand anstreben wollte, daß ein Kanarienvogel, der sich eben gemausert hat, gleich wieder sich mausert, dann müßte er die Federn dazu nachmachen. Ja, aber so ist es heute! Weil die Leute überhaupt alles nur im toten Mauserungsprodukt haben wollen, so haben wir es eigentlich nur noch mit nachgemachten Realitäten, nicht mehr mit wirklichen Realitäten zu tun.

Sicher sind diese Äußerungen Rudolf Steiners mehr als Metapher für die unüberhörbar mitgegebene Kritik gemeint. Und dennoch liegt dieser Metapher eine Wirklichkeit zugrunde: Die Feder als totes Gebilde, festgelegt, herausgesetzt, kann unmittelbar mit der Vorstellung in unserem Gedankenleben verglichen werden. Sobald wir uns eine Vorstellung von einem Gegenstand, einer Person oder von einer Pflanze, von einem Tier machen, setzen wir etwas heraus, stellen es uns vor, und legen uns und den Gegenstand damit fest. Diese Festlegung geht sogar so weit, daß sie sich vor die Wahrnehmung schieben kann und damit den ungetrübten Blick auf die aktuelle Begegnung verstellt. Wir sehen nicht, wie dieser Mensch gerade heute aussieht, bemerken nicht einmal, daß er gestern beim Friseur war. Die Vorstellung ist tatsächlich eine Festlegung. Wir *müssen* sie daher sogar der Mauser unterziehen, um offen für ein immer wieder neues, taufrisches Entgegennehmen der Wahrnehmungswelt zu werden.

In früheren Zeiten der Erdentwicklung schien ein solches «Sich-Erneuern» gang und gäbe gewesen zu sein (siehe auch Kap. IV). Die ganze Erde schien sich einem solchen «Mausern» unterzogen zu haben. Rudolf Steiner spricht von einer Art «Weltenmausern», und in seinen Schilderungen dazu erhalten wir nebenbei auch noch einige Einblicke in die ursprüngliche Organfunktion der Vogelfeder.

Nun, diese Fleischmasse, die da vorhanden war an diesen Schwimmtieren dazumal, an diesen, ich möchte sagen, Gleittieren – denn es war ja nicht ein Gehen, war ja nicht ein Schwimmen –, diese Fleischmasse, die konnten wieder die damaligen Lufttiere nicht brauchen, weil sie ja nicht in der verdicklichten Flüssigkeit schwimmen, sondern in der Luft sich selber tragen sollten. Dieser Umstand, daß sie sich in der Luft selber tragen sollten, der bewirkte da bei diesen Tieren, daß diese Fleischmasse, die sich bei den gleitenden, halb schwimmenden Tieren entwickelte, sich anpaßte den Schwefelverhältnissen der Luft. Der Schwefel vertrocknete diese Fleischmasse und machte sie zu dem, was Sie heute an den Federn sehen. An den Federn ist diese vertrocknete Fleischmasse; es ist ja auch vertrocknetes Gewebe. Aber mit diesem vertrockneten Gewebe konnten diese Tiere wiederum diejenigen Gliedmaßen bilden, die sie brauchten. Es waren nun auch nicht im heutigen Sinne Flügel, aber die trugen sie in dieser Luft; sie waren schon flügelähnlich, aber nicht ganz so wie heutige Flügel. Vor allen Dingen waren sie in einem sehr, sehr voneinander verschieden. Sehen Sie, heute ist ja nur etwas noch zurückgeblieben von dem, was dazumal diese merkwürdigen, flügelähnlichen Gebilde hatten: heute ist nur zurückgeblieben das Mausern, wo die Vögel ihre Federn verlieren. Diese Gebilde also, die noch nicht Federn waren, aber die mehr die vertrockneten Gewebe ausbildeten, mit denen dann diese Tiere sich in der verdicklichten Luft erhielten – diese Gebilde waren eigentlich halb Atmungsorgane, halb Organe zur Aufnahme der Nahrungsmittel. Es wurde dasjenige, was in der Luftumgebung war, aufgenommen. Und so war ein jedes solches Organ, namentlich diejenigen Organe, die nicht zum Fliegen benutzt wurden, die aber auch da waren in ihren Ansätzen, wie der Vogel am ganzen Leib Federn hat. Diese Flügel waren zur Aufnahme der Luft und zum Abscheiden der Luft da. Heute ist davon nur das Mausern zurückgeblieben. Dazumal wurde aber damit genährt, das heißt der Vogel plusterte sein Gewebe auf mit dem, was er hereinsog von der Luft, und dann wiederum gab er das von sich, was er nicht mehr brauchte, so daß ein solcher Vogel schon ein sehr merkwürdiges Gebilde war.

Sehen Sie, in der damaligen Zeit lebten da unten diese furchtbar plumpen Wassertiere – die heutigen Schildkröten sind schon die reinsten Prinzen dagegen; diese Tiere da unten, die waren im flüssigen Element. Da oben waren diese merkwürdigen Tiere. Und während sich die heutigen Vögel da oben in der Luft manchmal unanständig benehmen – was wir ihnen schon übelnehmen, nicht wahr –, haben diese vogelartigen Tiere fortwährend abgeschieden. Und dasjenige, was von ihnen kam, regnete herunter. Besonders in gewissen Zeiten regnete es herunter. Aber die Tiere, die unten waren, die hatten ja noch nicht diese Gewohnheiten, die wir haben; wir sind gleich schrecklich ungehalten, wenn einmal ein Vogel sich etwas unanständig benimmt. So waren diese Tiere, die da unten in dem flüssigen Element waren, nicht; sondern die sogen wiederum auf – in ihren eigenen Körper sogen sie auf dasjenige, was da herunterfiel. Und das war aber zugleich die Befruchtung dazumal. Dadurch konnten diese Tiere, die da entstanden waren, überhaupt nur weiterleben, daß sie das aufnahmen; nur dadurch konnten sie weiterleben. Und wir haben dazumal nicht so ausgesprochen ein Hervorgehen des einen Tieres aus dem anderen gehabt wie jetzt, sondern man möchte sagen, dazumal war es noch so, daß eigentlich diese Tiere lange lebten; sie bildeten sich immer wiederum neu. Es war so ein Weltenmausern, möchte ich sagen; sie verjüngten sich immer wiederum, diese Tiere da unten. Dagegen die Tiere, die oben waren, die wiederum waren darauf angewiesen, daß zu ihnen dasjenige kam, was die Tiere unten entwickelten, und dadurch wurden diese wiederum befruchtet. So daß die Fortpflanzung dazumal etwas war, was im ganzen Erdenkörper vor sich ging. Die obere Welt befruchtete die untere, die untere Welt befruchtete die obere. Es war überhaupt ein ganzer belebter Körper. Und ich möchte sagen: Dasjenige, was da an solchen Tieren da unten und an Tieren da oben war, war wie die Maden in einem Körper drinnen, wo auch der ganze Körper lebendig ist und die Maden darinnen auch lebendig sind. Es war also *ein* Leben und die einzelnen

Wesen, die drinnen lebten, lebten in einem ganzen lebendigen Körper drinnen.

Der Flügel übersinnlich geschaut

Den Schluß dieses Kapitels bilden zwei Darstellungen Rudolf Steiners zum Wesen des Flügels, die eine Art Brücke zwischen der Feder, dem Vogelflügel auf der einen Seite und dem Vorstellungsgedanken des Menschen auf der anderen Seite bilden. Sie stellen mehr die Geste, die Tätigkeit dessen dar, was wir gewohnt sind «Flügel» zu nennen. Zugleich leiten sie über zu den Betrachtungen zum Vogelflug in Kap. V. Zunächst aber nun ein Versuch Rudolf Steiners ein übersinnliches Flügelerleben zu beschreiben:

Das, was vom Menschen nach dem Tode übrig bleibt und was ich in die Erde versenke, wenn ich den Menschen begrabe, oder was verbrannt wird, wenn der Mensch verbrannt wird, das hört auf, sichtbar zu sein in demselben Maße, in dem man die übersinnliche Erkenntnis anwendet auf den Menschen. Aber etwas anderes wird sichtbar. Da, wo die Arme, die physischen Arme immer mehr und mehr erblassen, da wird allerlei sichtbar, was die ältere instinktive Erkenntnis gar nicht so unrichtig gesehen hat, indem sie von Flügeln gesprochen hat, indem sie gesagt hat, daß an der Stelle, wo der physische Mensch Arme hat, das geistige Wesen und natürlich auch der geistige Mensch nach dem Tode dann geflügelt wird. Aber das ist dann eine grobe Vorstellung, ich möchte sagen, eine gespenstisch grobe Vorstellung, wenn man so wie eine Art Symbolum so ein geflügeltes Wesen, einen besseren Vogel, an die Stelle des Geistwesens setzt. Denn wenn man die Erkenntnis der höheren Welten fortsetzt, wenn man aufsteigt, so wie ich es beschrieben habe, von der imaginativen Erkenntnis zu der inspirierten Erkenntnis, dann merkt man, was das eigentlich ist. Das ist ein ziemlich unregelmäßiges Gebilde beim Menschen, was da grob als Flügel gefaßt werden könnte. Es ist auch gar nicht so leicht herauszubekommen, was das ist, was man da sieht. Wenn man aber darauf eingeht, bekommt man nach und nach durch subtiles Anschauen heraus, was das eigentlich ist, was, sagen wir, an der Stelle meines rechten Armes auftritt und meiner rechten Hand, wenn ich von der imaginativen zur inspirierten Erkenntnis mich hinaufschwinge. Ich will die Sache noch anders sagen: Nicht wahr, die Arme machen ja zum Entsetzen der Herren Materialismuskritiker, besonders bei der Eurythmie, schreckliche Bewegungen, viele Bewegungen. Das können die Leute nicht leiden, die die Eurythmie nicht verstehen. Aber wenn Sie dasjenige, was in Eurythmie an Bewegungen gemacht wird, mit der inspirierten Erkenntnis betrachten – nicht der Arm ist da, nicht die Hand ist da, aber alle Bewegungen sind da, alle einzelnen Bewegungen; das alles ist da. Und weil das alles ineinandergeht, weil das so vieles ist, weil das immer ineinandergreift, so nimmt sich das aus wie Flügel.

Die Schilderungen des abschließenden Zitates betreffen die Flügel Luzifers. Gerade durch ihre einseitige Ausprägung zeigen sie beispielhaft, was die innere Tätigkeit eines Flügels ausmacht. Es wird zugleich deutlich, daß diese Ausführungen wie intime Beschreibungen der Seelentätigkeit beim Bilden von – eher meditativen – Gedankenbewegungen gelesen werden können. So lassen sich zwei verschiedene Pole des Denkens (und damit auch des Fliegens) unterscheiden: Mehr innerlich lauschend, tastend (luziferisch) oder mehr nach den Sinnen hin orientiert, von Richtkräften geführt (ahrimanisch).

Dann stellen Sie sich einmal lebendig diese im Astralischen wirkenden, nach dem Ätherischen hinstrebenden Flügel Luzifers vor, dann werden sie finden, daß sie, weil sie tastend sind, diese Flügel, indem sie herumtasten in den Weltenweiten, indem sie herumwirken in den Weltenweiten, alle Kraftgeheimnisse des Weltenalls erfühlen. Es ist im Luziferischen ein Herumschweifen, ein Sich-Herumbewegen in Wellen, so daß diese Flügel in ihren wellenförmigen Bildungen alles ertasten, was an geheimnisvoll-geistigen, spirituellen Wellenwirkungen im Weltenall vorhanden ist. Und was da in diesen Wellen ertastet wird, das geht durch die Ohrenbildung in das Innere des Luziferwesens, setzt sich da fort. Das Luziferwesen begreift durch die Ohrenbildungen, was es ertastet durch die Flügel, und durch den damit verbundenen Kehlkopf, wird das zum schaffenden Worte, das in den Formen des lebendigen west und lebt.

Wenn sie also ein solches luziferisches Wesen mit seinen gelblich-rötlichen Flügel-Ohren-Kehlkopfbildungen anschauen, so sehen Sie in ihm dasjenige, was da wirkt im Weltenall als ertastend die Geheimnisse des Weltenalls durch die Flügel, erlebend diese Geheimnisse des Weltenalls durch die nach innen fortwirkenden Ohrengebilde, aussprechend im schöpferischen Worte diese Geheimnisse des Weltenalls in diesem mit Flügel und Ohr als einem organischem Ganzen verbundenen Kehlkopf.

Kapitel IV: Evolution der Vögel

Sowohl Rudolf Steiners Verständnis als auch seine bildreichen Schilderungen über die Evolution von Mensch und Erde erscheinen dem moderne Bewußtsein oft fremd. Er indessen legte außerordentlich großen Wert auf seine diesbezüglichen Erkenntnisse und wurde nicht müde, immer und immer wieder seine Evolutionsauffassung und -forschung an die Leser und Zuhörer heranzutragen. Es scheint daher angebracht, der Evolution der Vögel ein eigenes Kapitel zu widmen. Und wie bereits im Vorwort angedeutet, eröffnet der Blick auf die evolutionäre Herkunft eines Organismus zugleich den Blick auf seinen Wesensgrund.

Saturn, Sonne, Mond, Erde – Alle Vögel stammen von der Sonne, und die Fische sind zu Wasser gegangene Vögel

Nun, wenn wir draußen den toten Stein anschauen, aus dem toten Stein herauswachsen sehen die Pflanzen und so weiter: Ja, meine Herren, wenn man sich vorstellt, daß das immer so gewesen ist, so wie es heute draußen ist, so ist das geradeso, als wenn Sie etwa von einem Leichnam sagen, der war immer so, solange der Mensch auch gelebt hat. Dasjenige, was wir als Steine heute draußen in der Welt erblicken, was also Felsen sind, Berge sind, das ist ja geradeso wie ein Leichnam. Das ist auch ein Leichnam! Das war nicht immer so. Und geradeso wie der Leichnam von einem Menschen nicht immer so war, wie er nun daliegt, nachdem das Geistig-Seelische draußen ist, so war auch dasjenige, was wir draußen erblicken, nicht immer so.

So wie wir zurückgehen müssen beim Leichnam auf dasjenige, was der Mensch war, bevor er gestorben ist, so müssen wir zurückgehen bei alledem, was Erde ist und unsere Umgebung, auf dasjenige, was einmal in alldem heute Toten gelebt hat, bevor eben die Erde im Großen gestorben ist. Und ehe die Erde nicht im Großen gestorben war, konnte es keine Menschen geben. [...] Die ganze Erde hat einmal gelebt, hat gedacht – alles mögliche war sie. Und erst, als sie Leichnam wurde, konnte sie das Menschengeschlecht schaffen. [...]

Dasjenige, was heute festes Gestein ist, wo Pflanzen herauswachsen und so weiter, das war ursprünglich durchaus nicht so, wie es heute ist, sondern wir haben es ursprünglich zu tun mit einem lebendigen, denkenden Weltkörper – mit einem lebendigen, denkenden Weltkörper!

Sehen Sie, was liegt nun allem zugrunde, was irgendwie stofflich ist? Denken Sie, ich habe einen Bleiklumpen in der Hand, ein Stück Blei. Das ist fester Stoff, richtiger fester Stoff. Ja, aber wenn ich auf ein glühendes Eisen oder auf irgend etwas Glühendes, auf Feuer, dieses Blei lege, so wird es flüssig. Und wenn ich es noch weiter mit Feuer bearbeite, so verschwindet mir das ganze Blei, es verdunstet dann, ich sehe nichts mehr davon. So ist es aber bei allen Stoffen. Wovon hängt es denn ab, daß ich einen festen Stoff habe? Es hängt davon ab, welche Wärme in ihm ist. Wie er ausschaut, hängt nur davon ab, welche Wärme in einem Stoffe ist.

Sie wissen, heute kann man schon die Luft flüssig machen; dann hat man flüssige Luft. Luft, wie wir sie in unserer Umgebung haben, ist ja nur luftförmig, gasförmig, solange eine bestimmte Wärme da ist. Und Wasser – Wasser ist flüssig, kann aber auch Eis sein, fest sein. Wenn man eine ganz bestimmte Kältetemperatur auf unserer Erde hätte, so gäbe es kein Wasser, sondern Eis. Nun, gehen wir aber in unsere Berge hinein: Wir finden da das feste Granitgestein zum Beispiel, anderes festes Gestein. Ja, wenn es übermäßig warm wäre, dann wäre festes Gestein, Granit, nicht da, sondern der wäre flüssig, flösse dahin, wie in unseren Bächen das Wasser.

Also, was ist denn das Ursprüngliche, was macht, daß irgend etwas fest oder flüssig oder luftförmig ist? Das macht die Wärme! Und ohne daß die Wärme zunächst da ist, kann überhaupt nichts fest oder flüssig sein. Wärme muß irgendwie tätig sein. Daher können wir sagen: Dasjenige, was ursprünglich allem zugrunde liegt, ist die Wärme oder das Feuer.

Und das zeigt auch die Geisteswissenschaft, die anthroposophische Forschung. Diese Geisteswissenschaft, diese anthroposophische Forschung zeigt, daß nicht ein Urnebel ursprünglich da war, ein toter Urnebel, sondern daß lebendige Wärme ursprünglich da war, einfach Wärme, die da gelebt hat.

Also, ich will annehmen einen ursprünglichen Weltenkörper, Wärme, die gelebt hat. Ich habe in meiner «Geheimwissenschaft im Umriß» diesen ursprünglichen Zustand – nicht wahr, auf Namen kommt es nicht an, man muß einen Namen haben – so genannt, wie er vor alten Zeiten genannt worden ist: Saturnzustand. [...]

In diesem ursprünglichen Zustand, da gab es noch keine festen Körper, keine Luft gab es dadrinnen, sondern nur Wärme; aber die Wärme lebte. Wenn Sie heute frieren – ja, Ihr Ich friert; wenn Sie heute schwitzen, wenn es Ihnen recht warm ist, wird Ihr Ich schwitzen, dem wird es recht warm. Und so sind Sie in der Wärme drinnen, bald im Warmen, bald im Kalten, aber immer in irgendeiner Wärme sind Sie drinnen. So daß wir auch heute noch sehen am Menschen: er lebt ja in der Wärme. Der Mensch lebt durchaus in der Wärme.

Nun, das erste, was eingetreten ist mit dem, was da ein warmes Weltenwesen war, das war ja Abkühlung. Abkühlen tun sich ja die Dinge fortwährend. Und was entsteht, wenn sich irgend etwas, in dem man noch nichts unterscheiden kann als nur Wärme, abkühlt? Da entsteht Luft. Die Luft ist das erste, was entsteht – Gasiges. Denn wenn wir einen festen Körper immer weiter erhitzen, bildet sich in der Wärme das Gas; wenn aber etwas, was noch nicht Stoff ist, von oben herunter sich abkühlt, so bildet sich zunächst die Luft. So daß wir also sagen können: Das zweite, was sich da bildet, ist Luftiges, richtiges Luftiges. Und dadrinnen, also in dem, was sich gewissermaßen als zweiter Weltenkörper gebildet hat, da ist alles aus Luft. Da ist noch kein Wasser, und da ist noch kein fester Körper drinnen. Da ist alles aus Luft.

Jetzt haben wir schon den zweiten Zustand, der sich im Laufe der Zeit gebildet hat. Und in diesem zweiten Zustand, da entsteht – aber neben dem, was ursprünglich da war – schon etwas anderes. Die heutige Sonne ist nicht so, ich habe aber doch in meiner *Geheimwissenschaft* das Sonne genannt, eine Art Sonnenzustand, weil es ein warmer Luftnebel war. Ich habe Ihnen auch schon gesagt: Die heutige Sonne ist das nicht; aber die ist auch nicht das, was ursprünglich dieser zweite Weltenkörper war. So also bekommen wir einen zweiten Weltenkörper, der sich aus dem ersten heraus bildet; der erste ist bloß warm, der zweite ist schon luftförmig.

Nun aber, in der Wärme kann der Mensch als Seele leben. Wärme macht auf die Seele den Eindruck der Empfindung, aber sie zerstört die Seele nicht. Sie zerstört aber das Körperliche. Wenn ich also ins Feuer geworfen werde, so wird mein Körper zerstört. Meine Seele wird dadurch, daß ich ins Feuer geworfen werde, nicht zerstört. [...] Nun, deshalb konnte auch der Mensch als Seele schon leben, als nur dieser erste Zustand, der Saturnzustand da war.

Da konnte der Mensch schon leben. Das Tier konnte da noch nicht leben, aber der Mensch konnte da schon leben. Das Tier konnte da noch nicht leben, weil beim Tiere, wenn das Körperliche zerstört wird, das Seelische mit beeinträchtigt wird. Beim Tier hat das Feuer auf das Seelische einen Einfluß. So daß wir bei diesem ersten Zustande annehmen: Der Mensch ist schon da, das Tier noch nicht. Als diese Umwandlung (Sonnenzustand) stattgefunden hat, war Mensch und Tier da. Das ist eben das Merkwürdige, daß nicht eigentlich die Tiere ursprünglich da waren und der Mensch aus ihnen entstanden ist, sondern daß der Mensch ursprünglich da war und nachher die Tiere, die sich gebildet haben aus demjenigen, was nicht Mensch werden konnte. Der Mensch war natürlich nicht so als ein Zweifüßler herumgehend da, als nur Wärme da war, selbstverständlich nicht. Er lebte in der Wärme, war ein schwebendes Wesen, lebte nur im Wärmezustand. Dann, als sich das umwandelte und ein luftförmiger Wärmekörper entstand, da bildeten sich neben dem Menschen die Tiere, da traten die Tiere auf. Also die Tiere sind schon verwandt mit dem Menschen, aber sie entstehen eigentlich erst später als der Mensch entstehen kann im Lauf der Weltentstehung.

Was tritt jetzt weiter ein? Weiter tritt das ein, daß die Wärme noch mehr abnimmt. Und wenn die Wärme noch mehr abnimmt, dann bildet sich nicht nur Luft, sondern auch Wasser. So daß wir also einen dritten Weltenkörper haben. Ich habe ihn – aus dem Grunde, weil er ähnlich sieht unserem Mond, aber doch nicht dasselbe ist – Mond genannt. Er ist nicht dasselbe wie der heutige Mond, aber etwas Ähnliches. Da haben wir also einen wässerigen Körper, einen richtig wässerigen Körper. Natürlich bleiben Luft und Wärme dabei, aber was da noch nicht vorhanden war beim zweiten Weltenkörper, das Wasser, das tritt jetzt auf. Und jetzt, weil Wasser auftritt, kann da sein: der

Mensch, der schon früher da war, das Tier, und aus dem Wasser heraus schießen die Pflanzen auf, die ursprünglich nicht in der Erde wuchsen, sondern im Wasser wuchsen. Also da schießen heraus Mensch, Tier und Pflanze.

Sehen Sie, die Pflanzen wachsen ja scheinbar aus der Erde heraus. Wenn aber die Erde gar kein Wasser enthält, dann wachsen keine Pflanzen heraus; die Pflanze braucht zu ihrem Wachstum eben das Wasser. Es gibt ja auch Wasserpflanzen. So müssen Sie sich die ursprünglichen Pflanzen vorstellen wie die heutigen Wasserpflanzen – sie schwammen im Wasser drinnen –, wie Sie sich auch die Tiere vorstellen müssen mehr als schwimmende Tiere, und gar hier, im zweiten Zustand, mehr als fliegende Tiere.

Von allem, was ursprünglich da war, ist eben etwas zurückgeblieben. Weil ursprünglich, als der Sonnenzustand da war, als nur Mensch und Tier da war, alles nur fliegen konnte – denn es war ja nichts zum Schwimmen da, es konnte nur alles fliegen –, und weil die Luft zurückgeblieben ist, auch jetzt noch, haben diese fliegenden Wesen Nachkommen gefunden. Unser heutiges Vogelgeschlecht, das sind die Nachkommen der ursprünglichen Tiere, die da entstanden sind im Sonnenzustand. Nur waren sie dazumal nicht so wie heute. Dazumal waren sie nur aus Luft bestehend; luftartige Wolken waren diese Tiere. Hier (Mondenzustand) haben sie sich dann das Wasser eingegliedert. Und heute, meine Herren – ja, schauen wir uns nur einmal einen Vogel an! Der Vogel wird heute zum größten Teil recht gedankenlos angeschaut. Wenn wir die Tiere, die da vorhanden waren während des Sonnenzustandes, uns vorstellen sollen, müssen wir sagen: Die waren nur aus Luft; die waren schwebende Luftwolken. Wenn man sich heute einen Vogel anschaut: Dieser Vogel hat hohle Knochen, und in den hohlen Knochen ist überall Luft drinnen! Es ist sehr interessant, den heutigen Vogel auf das hin anzuschauen: Überall drinnen in diesem Vogel, in die Knochen hinein, überall hinein ist Luft. Denken Sie sich weg alles, was nicht Luft ist, so kriegen Sie nur ein Luftiges: den Vogel. Und hätte er nicht diese Luft, so könnte er überhaupt nicht fliegen. Der Vogel hat hohle Knochen, und dadrinnen ist er ein Luftvogel. Das erinnert noch an den Zustand, wie es früher war. Das andere hat sich erst ringsherum gebildet in der späteren Zeit. Die Vögel sind wirklich die Nachkommen dieses Zustandes.

Schauen Sie sich den heutigen Menschen an: Er kann in der Luft leben; fliegen kann er nicht, dazu ist er zu schwer. Er hat nicht wie der Vogel hohle Knochen gebildet, sonst könnte er auch fliegen. Und dann würden sich nicht bloß Schulterblätter bei ihm finden, sondern die Schulterblätter würden auslaufen in Flügel. Der Mensch hat nur noch die Ansätze von Flügeln da oben in den Schulterblättern; wenn die auswachsen würden, würde der Mensch fliegen können.

Nun, sehen Sie, aus alledem, was da jetzt lebt als Mensch, Tier und Pflanze, aus alldem entsteht durch weitere Abkühlung eine spätere Verhärtung. Da (Mondenzustand) haben wir es noch mit Wasser zu tun, und höchstens durch weitere Abkühlung eine spätere Verhärtung. Da (Erde) kommt das Feste heraus, das Mineralische. So daß wir einen vierten Zustand haben: der ist unsere Erde, so wie wir sie heute haben, und der enthält Mensch, Tier, Pflanze, Mineral.

Meine Herren, betrachten wir jetzt einmal, wie es auf der Erde geworden ist, sagen wir mit einem Vogel. Der Vogel war hier noch, während der Zeit (im Sonnenzustand), ein reiner Luftibus, da bestand er nur aus Luft, als solche Luftmasse schwebte er dahin. Jetzt während dieser Zeit (Mondenzustand) wird er wässerig, dicklich-wässerig, und es schwebten eisartige Wolken dahin – nur nicht wie unsere Wolken sind, sondern so, daß die Gestalt schon drinnen war. Was bei uns nur ungeformte Wasserbildungen sind, das waren dazumal geformte Wasserbildungen; das hatte so Skelettform, aber es war nur Wasserbildung. Und jetzt kommen die Mineralien; jetzt gliedert sich in dasjenige, was nur Wasserbildung ist, das Mineralische herein, kohlensaurer Kalk, phosphorsaurer Kalk und so weiter. Das geht dem Skelett entlang; da bilden sich die festen Knochen hinein. So haben wir zuerst den Luftvogel, dann den wässerigen Vogel und zuletzt den festen Erdenvogel.

Beim Menschen konnte das nicht so gehen. Der Mensch konnte sich nicht einfach eingliedern dasjenige, was nur als Mineral entstand während seiner Keimzeit. Der Vogel kann das. Warum kann er das? Sehen Sie, der Vogel, der hat hier (Sonnenzustand) seine Luftgestalt bekommen; er lebt dann den Wasserzustand durch. Jetzt hat er nötig, das Mineralische, während er im Keim ist, nicht zu stark an sich herankommen zu lassen. Denn wenn zu früh dieses Mineral an ihn herankommt, dann wird er eben ein Mineral, dann verhärtet er. Der Vogel ist also jetzt, während er entsteht, noch gewissermaßen wässerig und flüssig; das Mineralische will aber schon heran. Was tut der Vogel? Ja, er weist es zunächst ab, er macht es um sich herum: er macht um sich herum die Eischale! Da ist das Mineralische. Die Eischale bleibt so lange, als der Vogel innerlich das Mineralische von sich fernhalten muß, also flüssig bleiben muß. Woher kommt das beim Vogel? Das kommt beim Vogel daher, daß er erst entstanden ist beim zweiten Zustand der Erde. Wäre er beim ersten dagewesen, so wäre er gegen die Wärme viel empfindlicher, als er es schon ist. Er ist gegen die Wärme nicht so empfindlich, weil er während des ersten Wärmezustandes noch nicht da war. Jetzt kann er dadurch, daß er damals noch nicht da war, die feste Eischale um sich herum bilden.

Der Mensch war während des ersten Wärmezustandes schon da und kann daher das Mineral nicht abhalten, solange er im Keimzustande ist; er kann keine Eischale bilden. Daher muß er anders organisiert werden. Er muß etwas Mineralisches schon aus dem Mutterleibe aufnehmen deshalb haben wir die Mineralbildung schon am Ende des Keimzustandes da. Er muß aus dem Mutterleib etwas Mineralisches aufsaugen. Da muß aber doch erst der Mutterleib das Mineral haben, das sich absondern kann. Es muß sich also beim Menschen das Mineralische ganz anders eingliedern als beim Vogel. Der Vogel hat luftdurchsetzte Knochen, wir haben markdurchsetzte Knochen. Wir haben Mark in den Knochen – ganz anders als der Vogel, nicht luftdurchsetzt wie der Vogel. Dadurch, daß wir solches Mark haben, dadurch hat die Mutter eines Menschen die Möglichkeit, innerlich schon Mineralisches an den Menschen abzugeben. Aber in der Zeit, in der nun Mineralisches abgegeben wird, kann der Mensch nicht mehr leben in der mütterlichen Umgebung; da muß er nach und nach geboren werden. Da muß er erst dann herankommen an das Mineralische. Beim Vogel haben wir das Geborenwerden nicht, sondern ein Auskriechen aus der Eischale – beim Menschen das Geborenwerden, ohne daß eine Eischale auftritt. Warum? Weil der Mensch eben früher entstanden ist, so kann bei ihm alles durch Wärme und nicht durch Luft abgemacht werden.

So muß man eigentlich die Dinge, die mit der Erdenentstehung und der Menschenentstehung zusammenhängen, erklären. Und es kann der Mensch heute, wenn er nicht an eine Geisteswissenschaft herandringt, sich gar nicht enträtseln, warum der Vogel aus einem Ei ausschlüpft und gleich mit äußeren Stoffen genährt werden kann, während der Mensch nicht aus einem Ei ausschlüpfen kann, sondern aus dem mütterlichen Leibe selber kommen muß und noch mit Muttermilch genährt werden muß. Warum? Ja, weil der Vogel später entstanden ist; er ist also ein äußerliches Wesen. Der Mensch ist früher entstanden und war, als dieser Zustand da war, eigentlich noch nicht so weit verhärtet, als der Vogel es ist. Daher ist er auch heute noch nicht so weit verhärtet, muß noch mehr geschützt werden, hat noch viel mehr von ursprünglichen Zuständen in sich.

Sehen Sie, weil man über so etwas heute überhaupt nicht mehr richtig nachdenken kann, mißversteht man dasjenige, was als Pflanzen, Tiere und Menschen auf der Erde ist. Da ist der materialistische Darwinismus entstanden, der glaubte, zuerst wären die Tiere dagewesen und dann der Mensch – der hätte sich einfach aus den Tieren entwickelt. Wahr ist an der Sache, daß der Mensch mit den Tieren verwandt ist seiner äußeren Gestalt nach. Aber der Mensch war früher da und das Tier hat sich eigentlich später herausgebildet, als schon ein Verwandlungszustand in der Welt da war. Und so können wir sagen: Die Tiere stellen schon dar einen Zustand von Nachkommenschaft dessen, was früher da war, wo das Tier noch verwandter war mit dem Menschen. Aber wir dürfen uns niemals vorstellen, daß aus den heutigen Tieren heraus Menschen werden können. Das ist eben eine durchaus falsche Vorstellung.

Nun, schauen wir uns jetzt nicht das Vogelgeschlecht an, sondern schauen wir uns das Fischgeschlecht an. Das Vogelgeschlecht war für die Luft entstanden, das Fischgeschlecht, das ist fürs Wasser entstanden. Erst als dieser Zustand da war, den ich da den Mondenzustand nenne, erst da bildeten sich gewisse frühere luftartige Vogelwesen so um, daß sie durch das Wasser fischähnlich wurden. So also kamen zu dem, was […] vogelartig war, die Fische dazu. Die Fische sind, ich möchte sagen, verwässerte Vögel, vom Wasser aufgenommene Vögel. Wir können daraus ablesen, daß die Fische später entstanden sind wie die Vögel; sie sind erst entstanden, als schon das wässerige

Element da war. Die Fische entstehen also während der alten Mondenzeit.

Und jetzt werden Sie sich auch gar nicht mehr verwundern: Was überhaupt da wässerig herumschwamm während der alten Mondenzeit, das schaute alles fischähnlich aus. Die Vögel schauten ja früher auch, trotzdem sie in der Luft flogen, fischähnlich aus, nur daß sie eben leichter waren. Und alles schaute fischähnlich aus in der alten Mondenzeit. Und nun ist es interessant, meine Herren, wenn wir heute einen Menschenkeim anschauen, so am einundzwanzigsten, zweiundzwanzigsten Tage nach der Befruchtung – wie schaut er denn da aus? Da schwimmt er in diesem Wässerigen drinnen, das im Mutterleibe ist, und ausschauen tut er nämlich dann so: richtig wie ein kleines Fischlein! Diese Gestalt. die der Mensch richtig hatte während der Mondenzeit, die hat er da noch in der dritten Woche der Schwangerschaft; die hat er sich bewahrt.

So daß Sie also sagen können: Der Mensch arbeitet sich erst heraus aus dieser alten Mondgestalt, und wir können es heute noch an dieser Fischgestalt sehen, die er im Mutterleibe hat, wie er sich da herausarbeitet. Überall, wenn wir die heutige Welt beobachten, können wir sehen, wie das frühere Leben war – so wie wir wissen, daß bei einem Leichnam das frühere Leben da war. So schilderte ich Ihnen ja heute dasjenige, was mineralisch auf der Erde entstanden ist, wie es früher war. Geradeso wie wir beim Leichnam sehen: er kann die Beine nicht mehr bewegen, die Hände nicht mehr bewegen, der Mund kann nicht mehr aufgemacht werden, die Augen nicht mehr aufgeschlagen werden, es ist alles unbeweglich geworden – das führt uns aber zurück in einen Zustand, wo alles beweglich war, die Beine beweglich, die Arme beweglich, die Hände beweglich, die Augen konnten aufgetan werden –, geradeso schauen wir hier auf einen Erdenleichnam, der übrig ist von einem Lebendigen, in dem die Menschen noch herumwandeln und die Tiere, und wir schauen zurück, wie die ganze Erde einmal lebendig war.

Was uns heute als mineralisch-feste Erde umgibt, ist Ergebnis einer stufenweisen Verfestigung über die Planetenstadien «Saturn», «Sonne», «Mond» der Weltentwicklung. Aus einem ursprünglichen Wärmezustand, über einen Luftzustand und einen wäßrigen Zustand kristallisierte sich schließlich die feste, mineralische Erde heraus.

An den heute noch lebenden Organismen läßt sich ablesen, welcher planetarischen Entwicklungsstufe sie entstammen, welcher Entstehungszusammenhang zu ihrem Wesen gehört.

Im folgenden wird nach Schilderungen zu «Drachenvögeln» schrittweise betrachtet, inwiefern Tierkreis und Planeten, Götter, Engel, und schließlich auch der Mensch an der Evolution des Vogelwesens im Laufe der Erdenentwicklung beteiligt waren.

Mit den beiden dieses Kapitel abschließenden Zitaten zur «Frühentwicklung» der Vögel berühren wir wieder die Thematik der Gruppenseele. Sie leitet inhaltlich über zu Kapitel V (Vogelzug und Vogelflug).

Drachenvögel als Vorfahren der heutigen Vögel

Also kurz, es war ein ganz merkwürdiger Schlamm, aus dem dieser Erdboden bestand. Und über diesem Erdboden, da war nicht schon eine Luft, wie die heutige ist, nicht eine Luft, in der bloß Sauerstoff und Stickstoff enthalten war, sondern in der allerlei Säuren in gasförmigem Zustande waren. Sogar Schwefelsäure war darin, Schwefelsäuredünste und Salpetersäuredünste; das war alles in dieser Luft drinnen. Daraus können Sie auch schon entnehmen, daß der Mensch in seiner heutigen Gestalt da nicht hätte leben können. Natürlich waren diese Dünste schwach, aber sie waren in dieser Luft drinnen. Und diese Luft hat außerdem noch die Eigentümlichkeit gehabt, daß sie ungefähr so war, wie wenn Sie heute in einen alten Backofen hineinschlüpfen würden und da werde dann gerade die Wärme zum Brotbacken hergerichtet, die Sie um sich herum fühlen. Es wäre also etwas ungemütlich für den heutigen Menschen gewesen, wenn er in dieser Luft drinnen gewesen wäre, in der es außerdem nach Schwefelsäure gerochen hat und in der es recht wärmlich war.

Nun, da drüber aber war noch eine andere Luft. Die war noch etwas wärmer als diejenige, die da drunter war, und die hat Wolken gebildet. Diese Wolken, die da gebildet worden sind, die haben fortwährend, weil sie auch allerlei, Schwefelsäure und Salpetersäure und allerlei andere Stoffe in sich enthielten, Blitze erzeugt und riesigen Donner. So daß es da drinnen fortwährend von riesigen Blitzen gezuckt hat. Das war ungefähr einmal die Umgebung der Erde.

[...] Also diese Luft da oben möchte ich eben Feuerluft nennen, und das, was da unten war, Erdschlamm.

Nun, aus dem Zustand ist ein anderer entstanden, in dem ganz merkwürdige Tiere gelebt haben. Also sehen Sie, da oben in der Feuerluft, da haben allerlei Tiere gelebt. Die haben so ausgeschaut, daß man sagen kann: Sie haben so einen ganz beschuppten Schwanz gehabt, der aber flach war, so daß der Schwanz ihnen gut zum Fliegen in der Feuerluft diente. Und dann hatten sie solche Flügel wie die Fledermaus, hatten auch solch einen Kopf. Und da flogen sie, als die Feuerluft nicht mehr solche ganz schädliche Dünste in sich gehabt hat, da oben in der Luft herum. Gerade diese Tiere waren merkwürdig geeignet dazu – natürlich, wenn die Stürme ganz besonders groß geworden sind, wenn es furchtbar gedonnert und geblitzt hat, dann wurde es ihnen auch ungemütlich; aber wenn die Sache sanfter geworden ist, wenn nur so ein bißchen Knistern da oben war und so ein leises Wetterleuchten, da lebten sie gerne in diesem Wetterleuchten, in diesem leisen Blitzen drinnen. Da flogen sie herum, und sie waren sogar geeignet, so etwas wie eine elektrische Ausströmung um sich zu verbreiten und weiter auf die Erde herunterzuschicken. So daß dabei, hätte ein Mensch da unten sein können, er sogar wahrgenommen hätte an diesen elektrischen Ausstrahlungen: da ist wiederum so ein Vogelschwarm oben. Es waren kleine Drachenvögel, welche elektrische Ausstrahlungen um sich verbreiteten und eigentlich in der Feuerluft da drinnen ihr Dasein hatten.

Sehen Sie, diese Vögel, diese Drachenvögel, die da waren, die waren wirklich ganz ausgezeichnet fein organisiert. Ganz ausgezeichnet feine Sinne hatten sie. Die Adler, die Geier, die aus ihnen später entstanden sind, nachdem sich diese Kerle da umgewandelt haben, die Adler und die Geier, die haben sich von dem, was diese alten Kerle da hatten, nur die starken Augen bewahrt. Aber diese Kerle spürten alles, namentlich mit ihren fledermausartigen Flügeln, die furchtbar empfindlich waren, fast so empfindlich wie unsere Augen. Mit diesen Flügeln konnten sie wahrnehmen; da verspürten sie alles, was da vorging. Wenn also zum Beispiel der Mond schien, da hatten sie ein solches Wohlgefühl in ihren Flügeln, bewegten sie die Flügel; so wie der Hund, wenn er Freude hat, mit dem Schwanz wedelt, so bewegten diese Kerle da die Flügel. Wohlig war es ihnen im Mondschein. Da zogen sie so herum, und da gefiel es ihnen ganz besonders, so kleine Feuerwolken um sich zu machen, wie es sich heute nur die Leuchtkäferchen im Grase bewahrt haben. Wenn der Mond schien, so waren die da oben wie leuchtende Wolken. Und wenn es dazumal Menschen gegeben hätte, hätte man solche Schwärme von leuchtenden Kugeln und leuchtenden Wölkchen da oben gesehen.

Und wenn die Sonne schien – ja, damals war es so, daß ihnen dann die Lust vergangen ist, um sich Leuchtkörper zu verbreiten! Da haben sie sich mehr in sich zusammengezogen, und da haben sie dann eigentlich dasjenige, was sie so aus der Luft aufgenommen haben – es waren in der Luft noch alle die Stoffe aufgelöst, die sie aufsogen –, verarbeitet. Sie ernährten sich durch Aufsaugen. Das haben sie dann verdaut in der Sonne. Das waren eben merkwürdige Kerle. Und die waren einmal wirklich in der Feuerluft der Erde vorhanden.

Das war so der Zustand, wie es auf der Erde einmal ausgesehen hat, wie da unten die Plesiosaurier ein faules Leben führten, wie die Ichthyosaurier auf der Erde herumschwammen und flogen – denn die Tiere mit den Flossen konnten auch ganz niedrig fliegen – und darüber diese in der Dämmerung und im Mond immer aufglänzenden Leuchtewolken, die eigentlich Drachenvögelsterne waren. So also schaute es aus.

Nun, die Plesiosaurier waren faule Kerle. Aber wissen Sie, das hatte einen Grund. Die Erde war dazumal selber fauler als heute. Heute dreht sich die Erde in vierundzwanzig Stunden um ihre Achse herum. Dazumal brauchte sie viel länger dazu; sie selber war fauler, die Erde. Sie bewegte sich langsamer um sich selber, und dadurch kam überhaupt alles andere. Denn daß heute die Luft so rein ist, das hängt ganz davon ab, daß unsere Erde in vierundzwanzig Stunden sich um sich selber dreht, daß sie also fleißiger geworden ist im Laufe der Zeit.

Am ungemütlichsten – wenn Sie das vom heutigen Menschenstandpunkte aus beurteilen –, am ungemütlichsten müßte es eigentlich diesen Drachenvögeln geworden sein dazumal, denn denen ging es schlecht. Sie faßten das nicht auf als schlechtgehend, sondern sie hatten eine Riesenlust und Begierde zu dem, was Sie eigentlich, wenn Sie es heute erzählt hören, so auffassen könnten, als ob es diesen Drachenvögeln sehr schlecht gegangen wäre. Das war nämlich so. Denken Sie sich den Ichthyosaurus mit seinem Riesenauge durch die sehr warme Luft dahinkrabbelnd, fliegend, schwimmend, alles mögliche; aber das Auge, das leuchtete sehr stark. Dieses leuchtende Auge, das zog diese Vögel da oben an, wie eine Lampe eine Mücke anzieht. Sie haben da im kleinen dieselbe Erscheinung. Wenn Sie eine Lampe anzünden und eine Mücke im Zimmer ist, fliegt sie hin und verbrennt sich gleich. Nun, diese Vögel da oben, die wurden ganz hypnotisiert durch dieses Riesenauge der Ichthyosaurier, und sie stürzten sich herunter, und der Ichthyosaurus konnte sie fressen. So daß die Ichthyosaurier von dem lebten, was da über ihnen in der Luft herumschwirrte.

Wenn ein Mensch dazumal auf dieser kuriosen Erde hätte herumgehen können, hätte er gesagt: Das sind Riesenviecher und die fressen Feuer. – Denn so hat es ausgeschaut, richtig so hat es ausgeschaut, wie wenn da Riesenviecher herumgesaust, herumgeflogen wären und Feuer gefressen hätten, das ihnen aus der Luft zugeflogen wäre.

Und diese Plesiosaurier – ich sagte Ihnen, die streckten den Kopf so hervor; da leuchteten die Augen auch noch, und wenn da ein Vogel im Heruntersausen war, so kriegten die auch noch etwas ab.

Aber ich sagte, Sie werden denken: Den Vögeln da oben, diesen schönen, leuchtenden Vögeln – denn sie waren schön –, diesen schönen leuchtenden Vögeln, denen erging es ungemütlich. Aber die hatten das gerade gern, und sie hatten ein Wohlgefühl, wenn sie sich in den Rachen eines Ichthyosaurus stürzen konnten. Das haben sie als ihre

Seligkeit betrachtet. Geradeso wie die Türken ins Paradies wollten, so haben diese Vögel es als ihre Seligkeit betrachtet, sich in den Rachen eines Ichthyosaurus zu stürzen.

Aber wirklich, meine Herren, ich möchte sagen, fast wurde es ungemütlicher dem Feuerfresser selber – der mußte die fressen, weil er das zur Nahrung brauchte –, aber fast wurde es ungemütlicher dem Feuerfresser selber als den anderen, die da in seinen Bauch kamen. Die Feuervögel, die stürzten sich hinein wie in ihre Seligkeit; aber dem Ichthyosaurus, dem wurde es ganz ungemütlich da drinnen in seinem Bauch, weil sich da drinnen allerlei Elektrizität entwickelte. Und unter dem Einfluß dieser Feuerfresserei und dieser Elektrizität, die sich in dem Riesenmagen entwickelte, der fast den ganzen Ichthyosaurus ausfüllte – er hatte fast gar nichts anderes an der Oberfläche, hauptsächlich war er ausgefüllt von einem Riesenmagen –, wurden die Ichthyosaurier nach und nach schwach. Es dauerte ja recht lange – auch die Fischnatur kann viel aushalten; ich habe von der Menschennatur neulich gesagt, daß sie viel aushalten kann, aber auch die Fischnatur, namentlich ein Ichthyosaurus kann natürlich noch mehr aushalten –, aber nach und nach wurden die Ichthyosaurier immer mehr und mehr schwach. Sie kamen in allerlei Schwächezustände hinein. Ihre Augen leuchteten nicht mehr so stark. Die Vögel wurden nicht mehr so stark angezogen. Und das Fressen tat ihnen immer mehr und mehr weh. Immer mehr und mehr Bauchweh bekamen diese Ichthyosaurier.

Ich habe Ihnen schon gesagt: die [Drachenvögel] hatten eine furchtbar feine Empfindung. Sie können sagen: Wir Menschen sind gescheit, wir würden nicht wie diese Drachenvögel den Ichthyosauriern in den Rachen hineinfliegen. – Aber ich glaube das nämlich nicht. Wenn Sie in der Zeit gelebt hätten als Drachenvögel, dann wären Sie auch einmal hineingeflogen. Aber intelligent waren diese Vögel. Und diese Vögel, die hatten namentlich erstens ein sehr feines Empfinden gegen Mond und Sonne, so wie unser Auge, und so empfanden diese Drachenvögel mit ihrem ganzen Körper, namentlich mit ihren Flügeln, die – nur im kleinen – heutzutage nachgeahmt sind in den Fledermausflügeln, die ja auch außerordentlich empfindlich sind.

Nun, diese Tiere empfanden Sonne und Mond; den Mond so, wie ich schon erzählt habe, daß sie um sich herum so etwas wie eine elektromagnetische Hülle machten, die leuchtend war. Und wenn der Mond so auf diese Feuerluft drauf schien, dann fingen die auch an, mit ihrer eigenen Leuchtkraft so wie ein Johanniswürmchen in der Luft zu erglänzen, zu schimmern, zu flimmern. Aber das spürten sie alles. Und man braucht gar nicht Phantasie anzuwenden, sondern kann ganz wissenschaftlich vorgehen und kann so auch wissen, daß diese Tiere den Sternenhimmel als etwas anderes empfunden haben, als wenn keine Sterne dagewesen wären. Sie haben sich beim Sternenhimmel so empfunden, daß sie sich in ihren Flügeln sehr wohlgefühlt haben, wenn die Sterne drauf schienen, und dadurch sind diese Flügel gesprenkelt geworden.

Man kann diese Geschichte heute sogar bis zu einem gewissen Grade nachweisen, wenn man sehr achtgibt. Natürlich, von diesen Vögeln, die ja ganz weiche Leiber hatten, hat sich sehr wenig erhalten, und in den Versteinerungen kann man sie fast gar nicht finden; aber Flügelabdrücke kann man finden. Derjenige, der wirklich Versteinerungen, namentlich Kalkversteinerungen, weichere Versteinerungen gut studieren kann, der findet schon solche Flügelabdrücke. Aber man muß natürlich aufgeknöpft sein im Kopfe, nicht so zugeknöpft wie ein Professor. Also wenn das so ein Drachenvogelflügel ist, der sich abgedrückt hat – vom Flügel ist natürlich nichts mehr vorhanden, aber der Abdruck im Kalk –, bei dem findet man schon, wenn man genauer zuschaut, daß da so allerlei Sterne sind, die sich mitabgedrückt haben. Es sind eben die Spuren davon, welchen Eindruck die Sterne in der Nacht auf diese Fledermausflügel gemacht haben. Die haben das gespürt, ob es Tag war oder Nacht.

[…] Der Mensch trägt in seinem heutigen Bauch noch immer eine Art von Nachbildung in sich, wie es auf der ganzen Erde zugegangen ist. Und diese Drachenvögel, die waren so wie die Augen, die die Erde selber gehabt hat. Das heißt – ich kann Ihnen das heute nur noch zum Schluß sagen –, die ganze Erde war ein Fisch, ein Tier, und diese ganzen Riesentiere, die haben in der Erde gelebt und sind herumgegangen und herumgewatschelt […]. So daß also die ganze Erde ein Riesenfisch, ein Riesentier war, und diese Drachenvögel, die waren die beweglichen Augen, mit denen die Erde in den Sternenraum, in den Sonnenraum, in den Weltenraum hinausgeguckt und ihn wahrgenommen hat.

Und so kann man also sagen: Die Erde war einmal ein Riesentier, das seiner Größe gemäß ziemlich faul war, sich langsam nur um die Achse gedreht hat im Weltenraum, das aber hinausgeguckt hat in den Weltenraum durch diese Drachenvögel, die nur bewegliche Augen waren, und sich das alles angeschaut hat. Und das, was ich Ihnen da beschrieben habe, dieses Feuerfressen und so weiter, das sieht nämlich auch ganz verteufelt ähnlich demjenigen, was ja noch im Magen und in den Gedärmen vor sich geht. Und die Drachenvögel, die sehen wieder verteufelt ähnlich […] den Gehirnzellen, wie ich sie beschrieben habe, die sich ja in die Augen hinein erstrecken.

Kurz, Sie können die Erde verstehen, wenn Sie sie auffassen als ein gestorbenes Tier. Die Erde ist ein gestorbenes Tier. Und erst als die Erde ihr eigenes Leben verloren hatte, da konnten die anderen Wesen, zu denen, wie ich

Ihnen beschreiben werde, auch der Mensch kam, auf der Erde wohnen.

[...] Und wir stehen heute vor diesem Riesenleichnam. Sie brauchen sich gar nicht zu verwundern, wenn die heutigen Geologen, die nur das Tote studieren können, bloß den Leichnam studieren. Die heutigen Geologen studieren nur den Erdenleichnam. Die Wissenschaft macht es überall so, daß sie nur das Tote studiert. Sie legt den Leichnam auf den Seziertisch. Aber man muß, wenn man etwas erkennen will, wirklich zurückgehen zu dem Lebendigen. Die Erde war einmal lebendig, flog durch den Weltenraum, allerdings sehr träge sich bewegend, als ein Riesentier, und konnte hinaussehen durch die Augen, die sie überall hatte, die die beweglichen kleinen Drachenvögel waren. Mit denen schaute sie hinaus in den Weltenraum.

Vögel als Produkte der Planeten und des Tierkreises

Daß nun aus dem Ei des Vogels nicht bloß die Eigestalt herauskommt, sondern eine bestimmt konfigurierte Gestalt, woher rührt das? [...] Der Vogel wäre fertig, wenn das Ei da ist. Die Sache ist doch so, daß der Vogel ein ganz bestimmt konfiguriertes Wesen ist und – das, was ich jetzt für den Vogel auseinandersetze, ist auch für den Menschen der Fall – er wird es dadurch, daß zunächst um die Erde herum der Mond kreist. Es kreist der Mond herum. Nun, würde aber bloß der Mond herumkreisen, so würde noch immer nicht ein Vogel entstehen, sondern es würde das geschehen, daß zwar die Eischale weich würde, abfallen würde, aber daß doch ein kugelförmiges Wesen entstehen würde, ein kugelförmiges, im wesentlichen aus Eiweiß bestehendes Wesen entstehen würde. Nun ist das aber nicht der Fall, daß einzig und allein der Mond um die Erde kreist, sondern in der mannigfaltigsten Gestaltung stehen Sternbilder da im Raum und der Mond zieht immer an diesen Sternbildern vorbei, dadurch modifiziert er die Kraft, die von diesen Sternbildern kommt. Denken Sie sich also, der Mond zieht hier bei den Plejaden vorbei. Das Ei ist ausgesetzt den Kräften, die als Resultierende entstehen durch das Hereinstrahlen der Plejaden, dadurch, daß der Mond zum Teil dieses Hereinstrahlen der Plejaden zudeckt, also modifiziert. Es strömt also herein von den Plejaden eine Kraft, die modifiziert wird durch den Mond, der davorsteht, der seine Wirkung ausübt, und dadurch wird, wenn ich es schematisch zeichne, aus der Eibildung auf der einen Seite die Kopfbildung des Vogels. Also, man kann sagen, die Kopfbildung des Vogels rührt davon her, daß sie aus dem Kosmos hereingestaltet wird durch das Zusammenwirken des Mondes, des Wandelsterns, mit den Fixsternen, die nur durch ihre besondere Anordnung wirken in den Plejaden. Nun geht der Mond weiter und, sagen wir, er steht hier in Opposition zu seiner früheren Gestalt der Waage gegenüber, dann werden wieder die Kräfte der Waage modifiziert durch das Davorstehen des Mondes. Da gibt es einen andern Kräftezusammenhang, und der Mond ist ja außerdem mittlerweile, wenn er hier vor den Plejaden Vollmond war, hier bei der Waage Neumond geworden. Der Mond im Zusammenhang mit dem Sternbild der Waage wirkt anders, als wenn er von den Plejaden her wirkt, und die Wirkung auf das Ei ist diese, daß die Schwanzbildung entsteht. Die andern Dinge liegen dazwischen, so daß Sie, wenn Sie die Gestalt des Vogels studieren wollen, studieren müssen, wie vorbeigeht der Mond vor dem, was da kosmisch im Weltenall herum verteilt ist. Was kann derjenige sagen, der bloß bei irdischen Verhältnissen stehenbleibt, über die Gestaltung des Menschen oder überhaupt eines Lebewesens? – Er kann nur sagen: Ja, gewiß, der Adler hat eine bestimmte Gestalt, der Geier hat eine bestimmte Gestalt, das Känguruh hat eine bestimmte Gestalt und so weiter. Warum haben sie diese Gestalt? Sie finden wirklich, wenn Sie im Irdischen stehenbleiben, wie das die Wissenschaft tut, nur eine einzige Antwort: Das Tier hat seine Gestalt von seinen Vorfahren ererbt. Es gibt keine andere Antwort im Umfange des Denkens: Das Tier hat seine Gestalt von den Vorfahren ererbt. – Ganz genau nach dem Schema: Die Armut kommt von der Pauvreté. Aber damit ist nicht das Geringste erklärt. Sie müssen immer weiter hinauf. Die Vorfahren haben es wieder von den Vorfahren und Sie kommen zum Schluß zu dem, wovon Sie ausgegangen sind. Man muß an die kosmischen Kräfte, die Sternkonstellationen herantreten, wenn man die Gestaltung verstehen will.

Vögel als ins Leben getretene Götter

Ich habe vorhin schon gesagt, daß jene älteren Menschen in der atlantischen Zeit, wenn sie aus ihren Leibern herausgegangen sind in der Nachtzeit, unter jenen geistigen Wesenheiten lebten, die sie die Götter nannten. Diese Menschen waren auf dem Wege, in eine physische Körperlichkeit unterzutauchen. Jene Wesenheiten aber, die sie als die Götter verehrten, zum Beispiel Zeus, Wotan, gehen einen anderen Entwicklungsgang. Die gehen nicht bis in physische Leiber herunter; die berühren nicht die physische Welt. Aber auch da kommen gewisse Übergänge vor. Der Mensch ist ja dadurch entstanden, daß sein ganzes seelisches und geistiges Wesen sich verhärtet hat zu seinem physischen Leib. Beim Menschen haben sich die gesamten Gruppenseelen herunterbegeben auf den physischen Plan, und der physische Leib des Menschen ist ein Abdruck geworden der Gruppenseele. Nehmen wir an, ein Wesen wie Zeus, das durchaus einer Wirklichkeit entspricht, habe gleichsam nur ein bißchen den physischen Plan berührt, nur ein wenig hineingeragt. Das ist, wie wenn Sie eine Kugel ins Wasser tauchen und sie unten gerade noch so benetzt wird. So sind gewisse Wesenheiten in der atlantischen Zeit nur berührt worden von der physischen Welt. Die physischen Augen sehen nicht, was als Geistiges, als Astralisch-Ätherisches bleibt. Nur der kleine Teil davon, der ins Physische hineinragt, wird gesehen. Aus solchen Wahrnehmungen heraus entstand die Symbolik in der Mythologie. Wenn Zeus den Adler als Symbolum hat, so rührt das davon her, daß seine Adlernatur die kleine Kuppe ist, wo ein Wesen der höheren Welt die physische Welt berührte. Ein großer Teil der Vogelwelt sind abgeschnürte Teile solcher sich entwickelnden Wesenheiten der übersinnlichen Welt. Und wie mit den Raben des Wotan oder dem Adler des Zeus, so ist es überall, wo die Symbolik auf okkulte Tatsachen zurückgeht. Manches wird Ihnen klarer werden, wenn Sie so auf den verschiedenen Gebieten Wesen, Wirken und Entwicklung der Gruppenseelen in Betracht ziehen.

Engelgedanken werden zu Tieren

Sehen Sie, wenn wir die Tierwelt überblicken, so hat diese Tierwelt ja die verschiedensten Formen. Wenn wir zum Beispiel die Hyäne, die ihre Aas-Sehnsucht im Gesicht trägt, die ihre Art in der ganzen Körperhaltung trägt, vergleichen mit dem Löwen, mit dem Wolf, und wenn wir wiederum diese Tiere vergleichen mit dem Adler und den Adler mit dem Geier, dann diese Tiere in Vergleich ziehen mit Schildkröten, Schlangen, Würmern, den verschiedenen Insekten, wenn wir alle diese verschiedenen Tierformen nehmen, so müssen wir uns doch fragen: Wie hängt das mit der geistigen Welt zusammen?

Das kann man nun nur studieren, wenn man das alte Mondendasein studiert. Denn warum? Sehen Sie, während des alten Mondendaseins war ja der Mensch in seiner heutigen Form noch nicht vorhanden. Die entsprechenden Formen, die auf der Menschenstufe vorhanden waren, waren die Engel. Bei den Angeloi, den Engeln, waren ganz andere Urteile, eine ganz andere Art des Denkens da [als wir sie heute haben]. Die Engel waren dazumal auf derselben Stufe, auf der die Menschen heute sind, aber sie waren ja nicht in einem solchen physischen Körper, wie die Menschen heute auf Erden es sind. Sie waren in einem ganz weichen, beweglichen Körper, denn die Geister der Form hatten noch nicht mitgewirkt, um eine feste Form der Körper zu bilden. Nun, diese Angeloi, die dachten dazumal – also nicht jetzt während der Erdenzeit, sondern während der Mondenzeit – in Begriffen, welche, verglichen mit unseren Erdenbegriffen, viel lebendiger waren. Diese Begriffe haben aber außer der Lebendigkeit noch etwas sehr Eigentümliches. Sie waren in hohem Maße durchtränkt von Gemütsimpulsen. Angeeifert unter dem Einflusse der Archangeloi, der Archai, der Geister der Form, der Geister der Bewegung und so weiter hinauf, faßten die Engel während der Mondenzeit die Begriffe. Aber es sind lebendige, impulsive Begriffe; viel impulsiver, als wir die Begriffe bei den heutigen Menschen finden, die abwechselnd entweder «Entzückensnikkel» oder «Giftnickel» werden, nicht wahr, wenn sie ihre Emotionen hineinlegen in das, wie sie das Leben beurteilen. Es gibt ja solche und es können die besten Menschen sein, aber sie werden abwechselnd entzückt sein, zum Entzücken neigen über eine Sache, «Entzückensnickel» sein oder aber ganz ausgesprochene «Giftnikkel», so daß in dem, was sie aussprechen, die ganze Seele drinnenliegt und das Ganze herausgeht in den Begriffen, nicht wahr. Nun, das war in viel höherem Grade – direkt schöpferisch, kreativ – bei diesen Engeln im Monde vorhanden.

Stellen wir uns einen solcherart denkenden Mondenbewohner vor! Der sagt sich: Ja, ich muß jetzt einen Begriff fassen. Die Inspiration gibt mir ein: Elender Wicht, der den Rücken von hinten nach vorn ansteigend trägt, der ein abstoßendes Gesicht macht aus Sehnsucht nach Aas! – Da entsteht dieses Wesen, wird dazu verurteilt, Hyäne zu sein. Der kreative Begriff ist da. Die Formen des Tierreiches stehen in innigem Zusammenhange mit diesem schöpferischen Denken, das nach dem Prinzip des Guten und des Bösen schafft. Und das ganze Tierreich in seinen verschiedenen Formen ist so eine Ausgestaltung des Guten und des Bösen.

Die Menschen [der Erde] sollten das nicht lernen. Einer, der nicht von der Mondenkultur lassen wollte, der verführte die Menschen dazu, daß sie erkennen sollten das Gute und das Böse in der Form, wie er es während der Mondenzeit erlebt hat. Der ... [Lücke in der Nachschrift] urteilte so; aber die Menschen, die sollten anders urteilen lernen. Da sollte nicht in tiefere Seelenuntergründe hinuntergehen dieses so starke Hineinlegen der Emotionen in die Begriffe. Das mußte abgelegt werden, das mußte einer objektiveren, einer gelasseneren Form weichen. Deshalb mußte der Mensch von der Monden- zur Erdenentwicklung vorschreiten. Und wenn er jetzt weiter vorschreitet, so wird er noch toleranter werden. So ein Mondenengel, ja, der haßte die Hyäne in einer unglaublichen Weise, weil sie für ihn das Böse war, er haßte die Schlange, haßte, was häßlich war, und liebte das, was schön war. Das Gute und das Böse gehörte zum Bereich des kreativen Lebens. Dies mußte sich der Mensch abgewöhnen. Der Mensch könnte keine Erdenwissenschaft entwickeln, wenn er etwa die Tiere einteilen würde, wie es die Mondenengel gemacht haben, in schöne und häßliche – nicht wahr, wir teilen anders ein, nach objektiven Begriffen –, in anständige und unanständig Tiere, in neckische, in raffinierte Tiere und so weiter. Das alles haben die Mondenengel gehabt. Aber wissenschaftlich wäre es zum Beispiel heute nicht, wenn in einem gelehrten Buche stehen würde: Das Wiesel – Eigenschaft: raffiniert. – Das kann in einem satirischen Gedicht der Fall sein, aber in der Wissenschaft muß das heute zurückgedrängt sein; da kann es heute nicht so sein.

So muß man, um auf diesem Gebiete weiterzukommen, sich zu einer Stufe erheben können, auf welcher man dasjenige, wogegen der Mensch im irdischen Leben die heftigsten Emotionen hat, so naturwissenschaftlich betrachtet, wie heute das Tierreich ohne Emotionen naturwissenschaftlich betrachtet wird.

Vögel sind Abschnürungen des Menschen

In dem zweiten Zustande hatte der Mensch eine Materie angenommen, die ähnlich unserer heutigen Luftmaterie ist. Der Mensch war da inkarniert als Luftwesen. Es mag dem materialistischen Denker sonderbar erscheinen, aber der, welcher sich mit der Theosophie bekannt macht, wird finden, daß alle übrige Schöpfungsgeschichte Phantastik ist und daß diese theosophische Schöpfungsgeschichte schon dem gewöhnlichen Verstande einleuchten kann. Dadurch, daß der Mensch mit seiner Seele sich in feinerer Materie, in Luftmaterie verkörperte, war es möglich, daß er eine neue Hülle abwarf, daß er Tiere aus sich heraussetzte. Die Erde hatte damals schon ein etwas festeres Knochengerüst aufgebaut, und es bildete sich der Mensch in dem, was man Feuernebel nennt. Man spricht da von den Söhnen des Feuernebels. Das kam dadurch zustande, daß der Mensch seine Schalen abgeworfen hat, die dann als Vögel und Reptilien auf der anderen Seite sich weiterentwickelten. Dann aber, als der Mensch auf diese Weise so weit war, als er zu dieser Feuermaterie vorgerückt war, da war er imstande, einen neuen Einschlag von außen aufzunehmen. So wie wir im Beginne unserer Erdenbildung gesehen haben, wie sich mit der physischen Materie dasjenige vereinigte, was der seelisch-geistige Mensch abgeworfen hatte als das gröbere Wesen, so vereinigte er sich in der Periode, von der wir jetzt sprechen und die schon mit starken Verdichtungszuständen unserer Erde parallel geht, das, was wir den höheren Geist nennen. Zunächst geschah das dadurch, daß das, was ich die Buddhi genannt habe, herunterstieg und zu Kama wurde. Es entstand dasjenige, was den Menschen von den niederen, kaltblütigen Wesenheiten scheidet, und es entstand damit auch alles übrige Warmblütige auf der Erde. Bis zu einem gewissen Punkte der Entwicklung gab es nur kaltblütige und leidenschaftslose Wesen; die anderen sind entstanden in der Mitte der lemurischen Zeit. Dadurch haben sich auch die zwei Geschlechter aus dem einen herausgebildet. Dadurch, daß der Mensch die niederen Wesen, die noch fortleben als Reptilien, und dann, als er schon aufgerückt war zur Warmblütigkeit, das Geschlecht der Vögel von sich abstieß, durch diese Ausscheidung wurde er reif, den Geist in seiner ersten Gestalt in sich aufzunehmen. Das ist das Geschlecht, das zum ersten Male geistbegabt auftritt. In der lemurischen Zeit ist der Mensch zu einer verdichteten Materialität gekommen, da hat der Mensch die Fleischlichkeit errungen. Es ist das der lemurische Mensch. Und dieser lebte auf unserer Erde zu einer Zeit, in welcher noch viel von der alten Feuermaterie vorhanden war. In diesem lemurischen Zeitalter geht dann das ganze Geschlecht in umfassender Art zugrunde, durch Katastrophen, die das Feuer in Form von großen vulkanischen Tätigkeiten anrichtet. Nur einige bleiben übrig und leben weiter.

Das materialistische Bewußtsein kann damit allerdings nicht viel anfangen. Es kann nicht verfolgen dasjenige, was heute schon in gewisser Beziehung real in der Außenwelt wirkt in ähnlicher Weise, wie es einmal in der Zukunft beim Menschenwesen vorhanden sein wird. Solche Erscheinungen sind schon heute da. Die Menschen könnten sie wahrnehmen, wenn sie acht geben würden. Sie würden dann sehen, daß es gewisse Wesenheiten gibt, die zum Beispiel zu früh sich so entwickelt haben. Wie der Mensch, wenn er den richtigen Zeitpunkt abwartet, im richtigen Zeitpunkt den Jupiterzustand erreichen wird, so daß er leiten kann seinen physischen und ätherischen Leib, so gibt es auch Wesen, welche in gewisser Beziehung sich vorschnell entwickelt haben, ohne den richtigen Zeitpunkt abgewartet zu haben. Solche vorzeitig entwickelte Wesenheiten haben wir in unserer Vogelwelt, und zwar in solchen Wesenheiten der Vogelwelt, welche jedes Jahr die großen Wanderzüge über die Erde vollführen. Da ist es die sogenannte Gruppenseele, welche mit dem ätherischen Leibe eines jeden Vogels zusammenhängt. So wie die Gruppenseele die regelmäßigen Wanderzüge der Vögel über die Erde hin dirigiert, so wird der Mensch, nachdem er sein Geistselbst oder Manas entwickelt hat, das, was wir physischen und ätherischen Leib nennen, befehligen, ihnen gebieten, sie in Bewegung setzen. In einem noch höheren Sinne wird der Mensch diese dirigieren, von außen in Bewegung setzen können, wenn er einmal so weit entwickelt sein wird, daß er auch noch umarbeitend in bezug auf den Äther- oder Lebensleib wirkt. Solche Wesenheiten, die das schon können, gibt es schon heute. Das sind die Archangeloi oder Erzengel. Das sind Wesenheiten, die das bereits können, was der Mensch einmal können wird, Wesenheiten, die dasjenige vollbringen können, was man nennen kann «seinen ätherischen und seinen physischen Leib von außen dirigieren», die aber außerdem auch noch arbeiten können an ihrem eigenen Ätherleibe.

Aber es gibt andere Wesen, die viel früher den Abschluß ihrer Entwicklung schon erlangt hatten. Das sind die Vögel. Sie haben auch ein Ich, aber ein solches, das viel mehr in der Außenwelt lebt. Sie haben deshalb auch etwas nicht mitgemacht, was wichtig ist für alle menschliche Höherentwicklung, für die okkulte Entwicklung des Menschen. Sie haben nicht mitgemacht dasjenige, was seinen Ausdruck findet in der Herausbildung gewisser Teile des Knochenbaues, des Knochenmarkes, des innersten Inhaltes der Knochen. Vögel haben viel hohlere Knochen als der Mensch und als die anderen Tiere; sie haben einen viel älteren Zustand konserviert. Der Mensch ist über diesen Zustand hinaus-, hinweggeschritten; auch die höheren Tiere sind darüber hinweggeschritten. Es sendet der Mensch die Kräfte des Ich bis in das Knochenmark hinein, und ein guter Teil der okkulten Entwicklung besteht darin, durch Übungen darauf Rücksicht zu nehmen, daß der Mensch jene passive, untätige Art, wie er sich zu seinem Knochenmark verhält, verlebendigt, in eine bewußte umändert. Heute kann er nur wirken auf den Inhalt der Knochenkapsel seines Schädels, auf sein Gehirn. Aber vorbereiten wird sich ein zukünftiger Zustand der Menschheit dadurch, daß er Gewalt bekommen wird über das Element, das als halbflüssiges Element seine Knochen durchsetzt. Die Konstruktion der Knochen hat dem Menschen – und auch den Tieren – auf der Erde die Gestalt gegeben. Daß der Mensch die Knochen so ausgebildet hat, gab ihm die Möglichkeit seiner jetzigen Entwicklung. In Zukunft muß der Mensch die Kräfte gewinnen, seine Knochen wieder zu beleben, ihnen die Verhärtungstendenz zu nehmen und sie umzuwandeln. Er wird die Herrschaft über sein Blut gewinnen, so daß in viel größerem Maße die Kraft des Ich darin sein wird, und dieses Blut wird dann das Instrument sein, mit dem der Mensch wirken kann bis in die Umgestaltung der Knochensubstanz. Was ist denn die Knochenbildung anderes als eine Vermineralisierung? Wenn der Mensch die Tendenz zur Erweichung, die sich heute zur Unzeit als Rachitis ausdrückt, beherrschen wird, wenn er das Blut so beherrschen wird, daß er wirken kann bis in die Knochensubstanz, dann wächst er über die Mineralisierungstendenz hinaus; er wird sich selbst die Gestalt geben, er wird seinen physischen Leib umgestalten bis zu dem, was wir Atma oder Geistesmensch nennen. Da besiegt der Mensch das Verhärtungsprinzip, jenes starke Prinzip, das zum Tode führt, dessen eigentliche Physiognomie ausgedrückt ist im menschlichen Skelett. Es ist eine Intuition richtiger Art, wenn man den Tod im Bilde des Skeletts anschaulich macht. Diese Physiognomie des Todes wird der Mensch unter seine Herrschaft bringen. Er wird sie besiegen, wenn er seine Gestalt, so wie er sie jetzt von außen durch die mechanische Kraft der Muskeln beherrscht, von innen durch die Kraft des Geistes beherrschen und sich selbst die Gestalt geben wird. Heute kann der Mensch erst seine Gedanken bis in seine Knochen schicken; wenn später seine Gefühle in den Knochen wirken werden und noch später der bewußte Wille, dann wird er die Physiognomie des Todes überwunden haben.

Kapitel V: Vogelzug und Vogelflug

In den vorhergehenden Kapiteln wird der Vogel im «Ganzen eigentlich als ein Kopf» betrachtet. Hierbei ist die Vogelfeder – als eine Bildung des ätherischen Umkreises – ein physischer Repräsentant dessen, was der Mensch aus seinem Gedankenleben als Vorstellungsgedanken kennt. Es liegt daher auch nahe das Fliegen des Vogels und das Denken des Menschen als miteinander wesensverwandt zu betrachten.

Die Gruppen-Iche – weisheitsvolle Lenker im Umkreis der Erde

In den folgenden Abschnitten zur Gruppenseele bzw. zum Gruppen-Ich der Tiere zeigt sich, daß der Raum nicht allein mit geistigen Zusammenhängen (Ätherischem) angefüllt ist, sondern auch mit Seelischem, Astralischem, ja sogar Persönlichkeitsartigem. Rudolf Steiner betont mehrfach, daß wir sozusagen auf Schritt und Tritt durch Gruppenseelenwesen hindurchgehen, die weisheitsvoll die Tiere lenken und leiten. Wir kennen vielleicht solche unsichtbaren «Wolken», durch die wir hindurchschreiten gut von Stimmungen oder auch Atmosphären: etwa durch die Stimmung eines Lavendelfeldes oder eines Sonnenblumenfeldes, durch die Stimmung des Frühlings- oder Herbstwaldes, aber auch durch die Stimmungswolken in den Einkaufszentren der Großstädte und nicht zuletzt auch durch die Stimmungen, durch die – mehr oder weniger dicke – Luft von etwa Besprechungen, Konferenzen, um nur einige markante Beispiele zu nennen.

Wenn wir uns nun hineinfinden wollen, wie wir innerhalb der uns umgebenden Natur selber die Offenbarungen dieser tierischen Gruppen-Iche empfinden sollen, müssen wir uns nur daran erinnern, daß alles, was hier um uns herum ist, Offenbarungen sind von geistigen Geschehnissen und geistigen Wesenheiten. Wer nicht mit hellseherischen Fähigkeiten ausgestattet ist, kann natürlich nicht jene «Spaziergänge» auf dem Astralplan machen, wodurch er dort der Bevölkerung von tierischen Gruppen-Ichen so begegnet, wie er hier auf dem Erdenrund physischen Menschen-Ichen begegnet. Aber auch wer nicht hellsehend ist, kann die Wirkungen, die Taten dessen, was die Gruppen-Iche tun, hier auf dem physischen Plan wahrnehmen. Er kann wahrnehmen, wie jedes Jahr, wenn es dem Herbste zugeht, die Vögel in der Richtung von Nordost nach Südwest den wärmeren Gegenden zufliegen, und wie sie wiederum in ganz bestimmten Bahnen zurückfliegen, wenn es dem Sommer zugeht. Wenn man die einzelnen Bahnen vergleicht nach ihrer Höhe und Richtung für die einzelnen Vogelgattungen, beginnt man schon zu ahnen, daß Weisheit, tiefe Weisheit in all dem drinnen ist. Wer leitet das alles? Das leiten die tierischen Gruppen-Iche. Alles, was die verschiedenen Tiergattungen hier auf unserem Erdenrund vollbringen, ist Wirkung, ist Tat der tierischen Gruppen-Iche. Und wenn Sie diese Taten der tierischen Gruppen-Iche verfolgen, finden Sie im wesentlichen, daß diese tierischen Gruppen-Iche den Umkreis der Erde umspannen, daß sie im Umkreis der Erde als Kräfte sich entfalten. Die Erde ist umkreist von Kräften der mannigfaltigsten Art, von Kräften, die in den mannigfaltigsten Windungen, in geraden und krummen und schlangenartigen Linien um die Erde herumgehen. Diese Kräfte kann der Mensch hier nur in ihren Wirkungen sehen, in ihren Offenbarungen. Wenn er diese Offenbarungen erfaßt, kann er ahnen, was ihn bei hellseherischem Vermögen heranführt zu den Gruppen-Ichen der Tiere. So können wir lernen, uns hineinzufühlen in das Weisheitsvolle, das in unserem Tierreiche geschieht. Was die Gattungen, die Arten tun, das verrät uns etwas von den Taten der tierischen Gruppen-Iche.

Das Tier-Ich, das wir ein Gruppen-Ich nennen, ist zu suchen auf dem astralischen Plan, und eine ganze Gruppe verwandter Tiere – meinetwegen die Löwengruppe, die Tiergruppe, alle Katzen –, alle einzelnen Gruppen verwandter Formen haben eine gemeinsame Seele, ein gemeinsames Ich. Die Getrenntheit des Ortes hier auf der Erde tut nichts zur Sache. Ob ein Löwe hier in einer Menagerie und ein anderer in Afrika ist, das ist ganz gleich; alle Löwen gehören zusammen zu demselben Ich, das der Geheimforscher auf dem Astralplan finden kann. Diese Gruppen-Iche sind dort geschlossene Persönlichkeiten; und wie Ihre Persönlichkeit hier auf dem physischen Plan eine geschlossene ist, so ist das Gruppen-Ich eine geschlossene Persönlichkeit auf dem Astralplan. Wie Ihre zehn Finger zu Ihrer geschlossenen Persönlichkeit, so gehören alle Löwen zu dem Gruppen-Ich des Löwen. Und wenn wir die Bekanntschaft machen könnten mit den einzelnen Gruppen-Ichen auf dem Astralplan, so würden wir finden, daß die hervorstechendste Eigenschaft der Gruppen-Ich die Weisheit ist, wie wenig weise die einzelnen Tiere uns auch auf der Erde erscheinen mögen. Niemand darf von den Eigenschaften der einzelen Tiere hier schließen auf die Eigenschaft der Gruppen-Iche, der Tierpersönlichkeit auf dem astralen Plan. Ebensowenig wie Ihre Finger Eigenschaften zeigen eines individuellen Ichs, ebenso wenig zeigt das einzelne Tier die Eigenschaften des Gruppen-Ichs.

Weise handeln diese Gruppen-Iche, und weiser als Sie es sich denken können, sind diese einzelnen Tierseelen, und was Sie hier als die Verrichtungen der Tiere kennen, wird bewirkt von den Gruppen-Ichen. In unserer Atmosphäre, im Umkreis unserer Erde leben sie, um uns herum sind sie zu finden. Wenn Sie den Flug der Vögel verfolgen, wie sie beim Herannahen des Herbstes fortziehen von Nordosten nach Südwesten, und beim Herannahen des Frühlings wieder zurückziehen in ihre Heimat, von Südwesten nach Nordosten ziehen, und wenn Sie sich fragen: Wer lenkt weise diesen Vogelflug?» dann kommen Sie als okkulter Forscher, wenn Sie die einzelnen Anordner und Regierer suchen, auf die Gruppen-Iche der einzelnen Gattungen oder Arten. In aller tierischen Bevölkerung lebt das astralische Ich, das für den astralischen Plan ebenso ein Ich ist wie das Menschen-Ich hier, nur ein viel, viel weiseres Ich. Viel gescheitere Iche als hier die physischen Menschen sind dort auf dem Astralplan die geschlossenen Gruppenpersönlichkeiten, die die einzelnen Glieder hier auf dem physischen Plan haben, und alles, was bei den einzelnen Tieren weise eingerichtet ist, ist geoffenbarte Weisheit der Gruppen-Iche der Tiere. Wir schreiten anders durch die Welt, wenn wir das wissen, daß wir bei jedem Schritt und Tritt durch Wesen schreiten, deren Taten wir sehen.

Sie alle kennen den Vogelflug. Die Vögel haben ganz bestimmte Bahnen für ihre Züge, von Nordosten nach Südwesten, von Südwesten nach Nordosten. Diese Züge, von wem werden sie dirigiert? – Von den Gruppenseelen der Vögel. In diesen Zügen kommt der Trieb zum Ausdruck für die regelmäßigen Wanderungen über die Erde hin; da dirigieren die Gattungs- oder Gruppenseelen der Tiere. Dagegen geben dem Tiere die Gestalt, so daß es diesen Trieb haben kann, so daß es einen Träger für den Trieb hat, die Wesenheiten des dritten Elementarreichs, die Genossen der tierischen Gruppenseelen. Trivial würde man sagen: Diejenigen Iche, die die Gruppenseelen der Tiere sind, sind *eine* Gesellschaft auf dem Astralplan; eine *andere* Gesellschaft sind die Wesenheiten des dritten Elementarreichs. Aber sie müssen in holder Eintracht zusammenwirken, die einen geben die Triebe, die anderen dafür die Körper, formen und gestalten sie, damit der Trieb sich ausleben kann.

Fortwährend umkreisen diese tierischen Gruppen-Iche geistig die Erde, wie die Passatwinde oder die ziehenden Vögel oder die um die Erde gehenden elektrischen und magnetischen Strömungen. So sind geistige Strömungen und Bewegungen vorhanden, die nichts anderes darstellen als jene Taten der tierischen Gruppen-Iche.

Warum ziehen Vögel?

Um zu «heiraten» ...

Als Beispiel will ich Ihnen unter vielen dieser Dinge eine Aufgabe dieser Tier-Iche nennen. Wenn Sie eine Erscheinung, die sehr bekannt ist und über die sehr viel nachgedacht wird, den Vogelflug, verfolgen, so finden Sie, daß die Vögel, die in nördlichen Gegenden leben, sich im Herbste sammeln. Sie fliegen von den nordöstlichen Gegenden gegen die südwestlichen, dann gegen Süden. Im Frühling sammeln sie sich wieder und ziehen in umgekehrter Weise nach Norden. Dasjenige, was diesen Zügen zugrunde liegt, ist im wesentlichen das Brüten, das Jungebekommen und so weiter. Der Frühlingsflug ist eine Art von Hochzeitsflug. Die Regelmäßigkeit, die darin liegt, wird von den Gruppenseelen besorgt. Die ordnen dies alles an. Und Sie können im Vogelflug die Linien verfolgen; die eine Vogelart fliegt so, die andere so, die eine niedrig am Boden hin, die andere hoch in den Lüften. Überall werden Sie eine tiefe Weisheit drinnen finden. Man sagt: Alles, was Tierseelen sind, alles das umkreist unseren Planeten, umkreist die Erde. Das ist ein Beispiel, wie im Vogelflug die Weisheit der Gruppenseele wirkt.

Das rührt noch vom alten Mond her

Jener Mond drehte sich um die Sonne so herum, daß er ihr immer dieselbe Seite zuwendete, wie auch heut noch der Mond der Erde, so daß also der Mond sich nur einmal um sich selbst drehte, während er um die Sonne kreiste. Daher waren alle Wesenheiten in ganz anderer Weise von dem Sonnendasein abhängig, als sie es heute auf der Erde sind. Während der ganzen Umlaufzeit des Mondes um die Sonne war es auf der einen Seite immer Tag, auf der andern eine Art Nacht. Die Wesen, die damals schon ihren Ort verlassen konnten, wanderten in einer Art von Kreis um den Mond herum, so daß sie eine Zeit hatten, in der sie unter den Einfluß des Mondes kamen. Die Zeit, in der sie unter dem Einfluß der Sonne standen, war die Zeit, in der sie sich fortpflanzten. Es gab schon damals eine Fortpflanzung. Bei den Mondmenschen gab es noch nicht die Möglichkeit, daß sie durch Töne ihren Schmerz, ihre Lust ausgedrückt hätten; was sie ausdrückten, hatte eine mehr kosmische Bedeutung. Die Sonnenzeit war die Zeit der Brunst, die aber, wenn sie durchlebt wurde, verknüpft war mit einem furchtbaren Geschrei der Wesen, und das hat sich heute noch erhalten bei den Tieren.

Noch manches andere von diesen Dingen ist zurückgeblieben. Sie wissen, wie man nachforscht nach dem Grund des Zuges der Vögel, die auch in gewisser Weise den Erdball umkreisen. Viele der Dinge, die heute geheimnisvoll verborgen sind, verstehen wir, wenn wir den ganzen

Werdegang unseres Erdendaseins betrachten. Es gab eine Zeit, wo sich die Wesen nur dann zur Fortpflanzung anschickten, wenn sie zur Sonne hin wanderten; man kann das die Periode des Geschlechtslebens nennen. Allgemeine Vorgänge des lunarischen Lebens drückten sich aus in Tönen, die zu gewissen Jahreszeiten auftraten; in den anderen Zeiten des Jahres war es stumm auf dem Monde.

Man wird mit anderen Sinnen die Welt betrachten und wird zum Beispiel die merkwürdige Erscheinung des Vogelfluges verstehen lernen. Auf wunderbaren Bahnen ziehen die Vögel mit der einbrechenden kalten Herbsteszeit vom äußersten Norden nach dem wärmeren Süden, manchmal Hunderte von Meilen, und gelangen im Frühling zurück auf anderen Wegen. Wir haben gesagt, daß die Vögel ein Geschlecht sind, das auf einer früheren Stufe der Entwicklung stehengeblieben ist. Sie wissen, daß der eigentliche Fortschritt auf der Erde erst begann in dem Zeitpunkt, als sich der Mond von der Erde abtrennte. Früher, als die Erde noch mit dem jetzigen Monde zusammen einen Himmelskörper bildete, den sogenannten Erden-Mond oder die Mond-Erde, da bewegte sich dieser Körper um die Sonne in einer bestimmten Bahn und in einer gewissen Zeit, indem er ihr stets eine Seite zuwendete. In dieser Zeit wanderten alle Lebewesen einmal um den Mond herum, um einmal die Sonneneinwirkung zu empfangen. Jener Zug um den Planeten hat sich heute noch erhalten im Vogelflug, weil die Vögel damals, bevor das Ich in die Erdenentwicklung eintrat, sich abgespalten haben von der fortschreitenden Entwicklung auf der Erde.

Etwas anderes ist noch viel merkwürdiger. Mit der fortschreitenden physischen Entwicklung des Menschen und der höheren Tiere hat sich das Geschlechtliche des einzelnen Leibes bemächtigt. Jene Begierde, die im einzelnen Leibe sitzt, die heute ganz im Geschlechtlichen lebt, war vorher dort nicht vorhanden, sie war eine kosmische Kraft. Dem alten Erden-Monde strömte sie von der Sonne zu. Sie war die Ursache jener Umgange um den Planeten, mit denen die Art zusammenhing, wie sich die Fortpflanzung vollzog. Der Frühlingszug der Vögel ist in Wirklichkeit nichts anderes als eine Art Brautzug. Bei diesen Wesen ist das Geschlechtliche noch in der Umwelt, und die kosmische Kraft ist die dirigierende Macht, die den Zug von außen lenkt und leitet, während bei den anderen Wesen diese Kraft eingezogen ist in die einzelnen Leiber. Dieselben Kräfte, die im Innern des Menschen, in seinem Leibe wirken, wirken auch im äußeren Makrokosmos. Dieselbe Kraft, die Mensch und Mensch zusammenführt, die im Leibe des Menschen als Geschlechtskraft wirkt, wirkt bei der Vogelspezies nicht im Innern der Wesen, sondern von außen und drückt sich in dem äußeren Zuge der Vögel um den Planeten aus.

So wandern die Kräfte, die außen sind, in das Innere der Wesenheiten hinein, um im Menschen die Möglichkeit zu finden, wiederum hinauszuwirken, wenn er die Fähigkeit erobert haben wird, wieder eins zu werden mit dem ganzen Kosmos, dem Außerirdischen.

Im Süden Muskelbildung im Norden Fortpflanzung

Warum ist es denn überhaupt so, daß die Erde gewissermaßen auf der einen Seite aus einem wässerigen Salzkörper besteht, aus dem festen Land auf der anderen Seite, und dann aus den süßen Gewässern, aus den Flüssen, die die Länder durchziehen, und daß fortwährend auf diese Weise Salz vom Meere hineingeschoben wird? Ja, sehen Sie, wenn man nun das eigentliche Salzwasser, das sehr salzhaltige Meerwasser untersucht, da kommt man darauf, daß dieses salzhaltige Meerwasser wenig mit dem Weltenraum in Beziehung steht. Geradeso wie bei uns zum Beispiel der Magen wenig mit der Außenwelt in Beziehung steht, nur durch das, was er hereinbekommt, ebenso steht das Innere des Meeres wenig in Beziehung mit dem Himmelsraume. Dagegen steht für die Erde in ganz großer Beziehung mit dem Himmelsraume alles das, was Land ist, wo die Gewässer durchfließen, wo durch die Ablagerungen von Salz Pflanzen hervorgebracht werden, aber namentlich, wo die Gewässer durchfließen.

Wenn wir die Sache so anschauen, meine Herren, dann gehen wir noch ganz anders zu den Quellen im Gebirge! Wir erfreuen uns daran, daß die Quellen rieseln, schön fließen, daß sie so wunderbar reinliches Wasser haben und so weiter. Aber das ist nicht das einzige! Die Quellen sind nämlich die Augen der Erde. Mit dem Meere sieht die Erde nicht hinaus in den Weltenraum, weil das Meer salzig ist, und das macht, daß das innerlich nur so ist, wie unser Magen innerlich ist. Die Quellen, die süßes Wasser haben, sind frei für den Weltenraum und sind wie unsere Augen, die sich auch hinaus ins Freie öffnen. So daß wir sagen können: Da auf den Ländern, wo Quellen sind, da schaut die Erde weit in den Weltenraum hinaus, da sind die Sinnesorgane der Erde, während der Körper der Erde, mehr die Eingeweide der Erde, im salzigen Meer sind. Es ist natürlich anders als beim menschlichen Körper; es sind nicht solche abgeschlossenen Organe, nicht solche Organe, die man ganz aufzeichnen kann. Man könnte sie auch aufzeichnen, aber sie sind nicht so sichtbar. Aber die Erde hat ihre Eingeweide im Meere und hat ihre Sinnesorgane in den Ländern. Und alles das, wodurch die Erde in Verbindung steht mit dem Weltenraum, alles das kommt vom süßen Wasser. Alles dasjenige, wodurch die Erde ihre Eingeweide hat, kommt vom salzigen Wasser.

Nun will ich Ihnen einen Beweis liefern davon, daß das so ist. Sehen Sie, ich habe Ihnen einmal gesagt: Mit dem

Himmelsraum steht auch die Fortpflanzung des Menschen und der Tiere in Verbindung. Ich sagte Ihnen: Das hängt nicht allein davon ab, daß das Ei, der Keim im mütterlichen Leibe, sich nur in diesem mütterlichen Leibe ausbildet, sondern da wirken die Kräfte vom Weltenall herein, und dadurch, daß die Kräfte vom Weltenall hereinwirken, entsteht eben gerade erst das Ei in seiner Rundung. Wie wir außen rund sehen die Bewegung des Weltenalls, so ist dieses kleine Eichen ein Abbild des Weltenalls, weil die Kräfte von allen Seiten wirken. Also da, wo die Fortpflanzung wirkt, da wirkt eigentlich das Himmlische auf die Erde. Ebenso sehen Sie beim Auge: das ist eine Kugel. Das habe ich beschrieben neulich. Es ist auch vom Weltenall hereingebildet. Sinnesorgane und Auge sind vom Weltenall hereingebildet.

Wenn wir dieses nun wissen, so müssen wir sagen, die Fische sind in einer besonderen Lage, denn die kommen eigentlich niemals ans Land. Sie können ja am Land höchstens ein bißchen schnappen, aber sie können nicht auf dem Land leben, sie müssen im Meere leben. Dadurch sind auch die Fische ganz besonders eingerichtet; sie kommen nicht dahin, wo die Erde sich dem Weltenlauf öffnet. Daher kommen die Fische sehr schwer dazu, ihre Sinne auszubilden und namentlich ihre Fortpflanzungsorgane auszubilden. Denn das hängt vom Weltenraum ab, daß sie drinnen sein können. Die Fische müssen daher das wenige, was vom Licht und von der Wärme aus dem Weltenall ins Meer hineinfällt, sorgfältig benützen, damit sie sich fortpflanzen und Sinnesorgane haben können.

Eine ganz merkwürdige Ausnahme aber macht der Lachs. Der Lachs hat nämlich eine sonderbare Organisation. Der Lachs muß im Meere leben, damit er ordentliche Muskeln kriegt. Damit er sich für seine Muskeln ordentlich ernähren kann, dazu braucht er Erdenkräfte. Die sind vorzugsweise im Salz des Meeres. Er muß im Meeressalz leben, damit er seine starken Muskeln bekommt. Aber wenn der Lachs nun im Meere lebt, dann kann er sich nicht fortpflanzen, weil er so eingerichtet ist, daß er durch das Meerwasser ganz abgeschlossen wird vom Weltenall; und die Lachse wären längst ausgestorben, wenn sie sich im Meere fortpflanzen sollten. Die Lachse sind Ausnahmen. Während sie sich stark machen im Meere – sie bekommen da ihre Muskeln –, sind die Lachse erstens ziemlich blind, und zweitens können sie sich nicht fortpflanzen. Ihre Fortpflanzungsorgane und ihre Sinnesorgane werden schwach, sie sind stumpf. Die Lachse im Meer aber werden dick. Nun, damit der Lachs nicht ausstirbt – wir können das sehen an den Lachsen hier in der Nordsee und gegen das Atlantische Meer zu –, wandert der Lachs jedes Jahr in den Rhein herein. Daher heißt er auch Rhein-Lachs. Aber der Rhein macht den Lachs mager; er verliert wieder seine Muskeln. Das, was er im salzigen Meer an Dicke gewonnen hat, das verliert er im Rhein. Der Lachs wird ganz schlank; und seine Sinnesorgane und namentlich seine Fortpflanzungsorgane, beim Männchen und Weibchen, bilden sich kolossal aus, und der Lachs kann sich im Rhein fortpflanzen. So muß der Lachs also jedes Jahr vom salzigen Meer nach dem süßen Rhein wandern, damit er sich fortpflanzen kann. Er muß da sogar mager werden, weil das süße Wasser nicht beitragen kann zu seiner Muskelbildung. Dann wandert, wenn die Alten noch leben und die Jungen da sind, wiederum alles zum Meere, um aus der Schlankheit in die Dicke zu kommen.

Sie sehen, meine Herren, die Sache stimmt vollkommen. Man kann sagen, da wo die Erde salzig ist, da wirkt sie mit den Erdenkräften. Sie wirkt auf diejenigen Organe, die von der Erde aus gebildet sind. Unsere eigenen Muskeln werden von der Erde aus gebildet, wenn wir uns mit der Schwerkraft bewegen. Schwerkraft ist die Erdenkraft. Auf alles Muskulöse wirkt die Erde, auf alles Knochige wirkt die Erde. Die Erde teilt uns ihr Salz mit, und wir kriegen starke Knochen, starke Muskeln. Mit diesem Salzabgang der Erde könnten wir aber gar nichts machen für die Sinnes- und Fortpflanzungsorgane; die würden dabei verkümmern. Die müssen immer unter den Einfluß der außerirdischen Kräfte, der Himmelskräfte kommen. Und der Lachs zeigt das, welchen Unterschied er macht zwischen Salz- und Süßwasser. Er geht ins Salzwasser, um dick zu werden, nimmt die Erdenkräfte auf, und um fortpflanzungsfähig zu werden, geht er ins Süßwasser, nimmt die Himmelskräfte auf.

So kann man sagen: Die Erde hat auch in bezug auf die Tiere eine Art Kreislauf, wie zum Beispiel in bezug auf den Lachs. Es treibt den Lachs abwechselnd ins Meer und in den Fluß. Da geht er also hin und geht zurück, hin und zurück. Die ganze Lachsgesellschaft geht hin und zurück. An dem Lachs sieht man so recht, wie alles im Leben in Bewegung ist auf der Erde.

Wenn man in dieser Weise das am Lachs kennenlernt, dann hat man ja auch ein Bild von noch etwas anderem, was uns immer vor Augen ist, und was ein so wunderbares Schauspiel ist: die Zugvögel. Die ziehen nur in der Luft herum, hin und her; der Lachs zieht im Wasser hin und her. Die Lachszüge sind im Wasser geradeso wie die Vogelzüge in der Luft, nur daß der Lachs hin und her geht zwischen Salzwasser und Süßwasser, und die Vögel in der Luft hin und her gehen zwischen kälteren Partien und wärmeren Partien, die sie brauchen. Wer die Lachszüge versteht, hat auch ein Bild von den Vogelzügen. Und man kann sagen: All das hängt damit zusammen, daß auch die Vögel, um in die rechten Wärme-Erdenkräfte zu kommen, nach Süden ziehen müssen; da bilden sie mehr ihre Muskulatur aus. Um Himmelskräfte zu haben, da müssen sie mehr in die reinere Luft des Nordens kommen; da bilden sie ihre Fortpflanzungsorgane aus. Diese Tiere brauchen die ganze Erde. Nur die höheren Tiere, die Säugetiere, und der Mensch, die sind mehr von der Erde unabhängig geworden, haben sich mehr emanzipiert von der Erde, sind in ihrer ganzen Organisation mehr unabhängig geworden.

Und die Erde selber, was tut die? Ja, meine Herren, wenn es bloß salziges Meer gäbe, wäre die Erde längst zugrunde gegangen, denn in sich selber kann sie nicht bestehen. Sie hat nicht nur das salzige Meerwasser, sondern auch das süße Gewässer, und das süße Gewässer nimmt vom Himmelsraum die Fortpflanzungskräfte für die Erde auf. Das salzige Meer kann aus den Weltenweiten nicht dasjenige hereinbringen, was die Erde immer wieder erfrischt. Wenn Sie an eine Quelle gehen und da das wunderbar reine Wasser herausrieselt: Sie werden merken, in der Nähe der Quelle, da grunelts, da riecht es so wunderbar, und alles ist so frisch. Ja, das, was da frisch ist in der Nähe der Quelle, das erfrischt auch die ganze lebende Erde. Da öffnet sich die Erde wie durch ihre Augen und Sinnesorgane dem Weltenraume.

Bereits 1949 arbeitete Friedrich Kipp heraus, daß die Vögel mit ihrer Zugaktivität einem Optimum an Tageshelligkeit nachziehen. Die Küstenseeschwalbe beispielsweise ist das ganze Jahr von Pol zu Pol unterwegs. «Während des Nordsommers lebt sie zur Zeit des Polartages in der Arktis. Und während des Südsommers strebt sie wiederum dem Gebiete des Polartages zu. Kein anderes Geschöpf der Erde genießt so viel Licht wie dieser Vogel.» Walther Streffer ergänzt dieses Bild. Die Betrachtungen in seinem Buch *Wunder des Vogelzuges* legen nahe, daß man die Tropen als eine Art «Ur-Heimat» der Vogelwelt auffassen kann – was allein schon intuitiv einzuleuchten vermag. Die Zugvögel würden also in jedem Winterhalbjahr in ihre tropische Heimat zurückkehren, gewissermaßen dort «zu sich kommen», sich ihrem Weltenursprung zuwenden, darin aufgehen. Im Sommerhalbjahr aber breiten sie sich zur «Selbstdarstellung» über die Erde aus, werden aktiv, bauen Nester, singen, werben, pflanzen sich fort und so weiter. Entsprechend drängend und schnell ist der Frühjahrszug in die Brutgebiete. Eher träumerisch-müde dagegen erscheint der sich vergleichsweise lang hinziehende Herbstzug. So liegt über der Erde ein großer Atem-Rhythmus des Vogelwesens: Schlafen im Sich-Zurückziehen in den Wesens-Ursprung der tropischen Landschaft im Winterhalbjahr; mit dem Frühjahrszug morgendlich frisches Erwachen; im Sommerhalbjahr in der «Selbstdarstellung» ein waches Ins-Dasein-Treten und mit dem Herbstzug ein allmähliches abendliches Wieder-Eindämmern. Jährlich wird dieser Rhythmus von schätzungsweise mindestens fünf Milliarden Vögeln getragen (die sich zu etwa 70 Milliarden in den afrikanischen Tropen hinzugesellen).

In diesem Wechsel von Sich-Zurückziehen und In-Erscheinung-Treten kann der Rhythmus entdeckt werden, sich einmal pro Jahr auf die Nachtseite und einmal auf die Tagseite, einmal auf die Sonnenseite und einmal auf die Mondseite zu begeben. Der Tag als die Hälfte, in der die Welt erscheint, und die unter dem Zeichen der Sonne steht. Die Nacht als die Hälfte, die unter dem Zeichen des Mondes steht, und in der die Welt «in die Verborgenheit eingeht».

Mit der Frühjahrssonne regt sich der Trieb, wird um die Braut geworben, ein farbiges Kleid angelegt, es ertönen Klänge, es wird gesungen. Im Herbst erfolgt ein Zurücktreten und ein Regenerieren. Tatsächlich also begeben sich die Vögel auf diese Weise einmal im Jahr auf die Sonnenseite und einmal im Jahr auf die Schattenseite – des Mondes. Offenbar also leben die Vögel noch immer auf dem alten Mond.

Wie orientieren sich Vögel auf dem Zuge?

Von der Äther- und Sternenorientierung

Ja, über den Vogelzug im Herbst und im Frühling denkt unsere heutige Wissenschaft sehr abstrakt. Die Vögel verlassen im Frühling ihre wärmeren Aufenthalte, und im Herbst, wenn es kälter wird, die mehr nördlichen Gegenden. [...] Es ist bei den Zugvögeln oftmals der Fall, zum Beispiel in Afrika, wenn bei uns der Frühling kommt, daß die alten Zugvögel zuerst wegfliegen und zu uns zurückkehren. Die Jungen können es dort länger aushalten, weil die noch stark sind. Die Alten machen sich früher aus dem Staub und lassen die Jungen zurück, unterrichten sie gar nicht, machen auch keine Führung; die Jungen müssen ganz allein ihren Weg finden.

Einige sagten: Nun ja, die Vögel sehen ja sehr weit. – Die müßten also sehen, wie es drüben in Afrika zugeht, müßten sogar durch die Erde durchsehen! Mit diesen Dingen kommt man nicht sehr weit. Aber ich will Ihnen ein Beispiel sagen, aus dem Sie sehen können, wie die Geschichte eigentlich liegt. Man kann nämlich noch bei etwas anderem verwundert sein, wie die Sache vorwärts kommt: nämlich bei einem Schiff. Wonach richtet sich denn ein Schiff, wenn es von Europa nach Amerika fahren soll? Es richtet sich nach dem Kompaß. Als man noch keinen Kompaß hatte, ging es den Schiffen ohnedies schlecht; sie mußten sich nach den Sternen richten. Also sie richten sich nach dem Kompaß, das heißt nach den Kräften, die unsichtbar sind, die im Äther vorhanden sind. Das sind auch die Kräfte, nach denen sich die Vögel richten. Nur wir Menschen haben keinen Sinn mehr für diese Kräfte, die unsichtbar sind. Die Vögel haben aber einen Sinn dafür; die haben einen inneren Kompaß. Was wir erst mühevoll lernen, indem wir die Ätherkräfte anschauen mit dem Kompaß, mit der Magnetnadel, das hat so ein Vogel in sich. Er fliegt dem Äther nach, demjenigen, was im Weltenraum wirkt.

Und so können wir sagen: Die Erde ist überall umgeben von Äther. Der Äther enthält die Lebenskräfte. Die kommen aus dem Weltenraum, nehmen die Stoffe der Erde und bereiten aus ihnen das Lebendige.

Von der Geruchsorientierung

Es geht ja fortwährend der Atem durch die Nase. In diesem Atem drinnen lebt der Luftmensch. Wie ich Ihnen früher gesagt habe, wir sind Wasser, so sind wir auch Luft. Wir haben wirklich nicht bloß die Luft zum Spaß in uns. Geradeso wie ich Wasser in mir habe, so habe ich Atem in mir; der ist nicht fest. Und wie wenn ich meine Hand ausstrecke und fühle, ich habe etwas Festes ausgestreckt, so strecke ich, was ich in meinem Luftorganismus habe, in die Nase hinein. Das ist eine luftförmige Hand. Und da erfasse ich den Rosenduft oder den Nelkenduft. Ich bin nämlich nicht bloß ein fester Mensch, sogar nur zu zehn Prozent fester Mensch; ich bin eine Wassersäule, und fortwährend ein Luftmensch. Solange die Luft in uns ist, sind wir sie nämlich selber. Da lebt sie, die Luft. Und wir strecken diese Lufthände durch unsere Nase, strecken sie entgegen dem Rosenduft und Nelkenduft, natürlich auch dem Mistduft. […]

Das ist also so, daß es sich sogar beim Hund zeigt: Da riecht die Nase, und gleich wedelt der Schwanz, habe ich Ihnen gesagt. Geradeso wie beim Fisch die Flosse in Bewegung kommt, so kommt beim Hund der Schwanz in Bewegung. Aber was will denn der Schwanz tun, der nur wedeln kann? Es ist nämlich interessant: der Hundeschwanz kann nur wedeln. Aber was will er denn eigentlich tun? Sehen Sie, meine Herren, der Hund würde nämlich etwas ganz anderes tun; wenn er nicht ein Hund, sondern ein Vogel wäre, würde er nämlich fliegen unter dem Einfluß des Geruches! Geradeso wie der Fisch schwimmt, so würde der Hund fliegen, wenn er ein Vogel wäre. Nun, der Hund, der hat keine Flügel, und so benutzt er das Ersatzorgan und kann bloß wedeln. Es reicht ihm nicht; aber es ist dieselbe Kraftentfaltung. Und bei uns Menschen ist es auch so. Weil wir fortwährend fein riechen – wir bemerken es gar nicht –, wollen wir eigentlich immer fliegen. Geradeso wie wir fortwährend schwimmen wollen, wollen wir fortwährend fliegen.

Denken Sie sich nur einmal die Schwalben. Die Schwalben leben bei uns im Sommer. Da gefällt ihnen dasjenige, was aufsteigt als Düfte aus den Blumen und so weiter. Das gefällt ihnen eben im Geruchsorgan, und da bleiben sie da. Wenn aber bei uns der Herbst kommt, oder der Herbst nur herannaht, näher herankommt, ja, wenn da die Schwalben untereinander sich verständigen könnten, dann würden sie sagen: Da fängt es an, übel zu riechen! Der Geruchssinn der Schwalbe, der ist furchtbar fein. Und wie ich Ihnen gesagt habe, daß die Menschen bis Arlesheim wahrnehmbar sind, so ist der Geruch, der dem Süden entströmt, für die Schwalben wahrnehmbar, wenn der Herbst herankommt; der breitet sich aus bis nach dem Norden. Da unten riecht es gut; da oben fängt es an, mistig zu riechen! – Da fangen die Schwalben an, dahin zu fliegen, wo der gute Geruch sie anzieht, denn der kommt herauf vom Süden nach dem Norden.

Meine Herren, es sind ganze Bibliotheken geschrieben worden über den Vogelflug. Aber die Wahrheit ist, daß die Vögel selbst bei diesen großen Wanderungen im Herbst und Frühling sich nach der furchtbar feinen Verteilung der Gerüche in der ganzen Luftschichte unserer Erde richten. Durch ihre Geruchsorgane werden die Schwalben nach dem Süden geführt, und dann wiederum nach dem Norden. Wenn bei uns der Frühling kommt, da fängt es wiederum da unten an, mistig zu riechen für die Schwalben. Die feinen Frühlingsdüfte kommen zu ihnen nach dem Süden, und da fliegen sie herauf nach dem Norden. Es ist wirklich so, daß die Erde eigentlich ein ganzes lebendiges Wesen ist, und die anderen Wesen gehören dazu.

Sehen Sie, in unserem Leibe ist es so eingerichtet, daß das Blut zum Kopfe fließt und wiederum wegfließt. Auf der Erde ist es so eingerichtet, daß gewisse Vögel, die Zugvögel, nach dem Äquator hinfliegen und wieder zurückfliegen. Die Luft, die wir atmen, die treibt das Blut zum Kopfe. Wir sind ganz durchsetzt von Geruch, insofern wir ein Luftmensch sind. Und derjenige, der zum Beispiel, sagen wir, über den Acker geht, der gerade gemistet worden ist, der geht eigentlich mit seinem Luftmenschen dahin; denn der feste Mensch und der flüssige Mensch, die merken nichts von dem Miste. Aber der luftförmige Mensch, der merkt das, und da entsteht in ihm – aus dem, was ich gesagt habe, werden Sie es schon begreifen –, da entsteht in ihm begreiflicherweise eigentlich der Drang, er möchte fortfliegen. Eigentlich möchte der Mensch fortwährend wegfliegen in die Luft hinauf, wenn über dem Acker der Mist stinkt. Das kann er nicht, weil er keine Flügel hat. Und deshalb verinnerlicht der Mensch dasjenige, wovon er nicht fortfliegen kann. Er verinnerlicht es. Es wird seelisch. Und die Folge davon ist, daß der Mensch, insofern er Luftmensch ist, ganz innerlich erfüllt wird von dem Mistgeruch, von den gasförmig, dunstförmig gewordenen Ausdünstungen des Mistes. Er wird selber ganz mistig. Und da sagt er: das ekelt ihn. Seelisch ist das der Ekel.

Wir Menschen möchten eigentlich fortwährend fliegen durch unsern Geruch. Aber wir können nicht fliegen, weil wir höchstens diese festen Schulterblätter haben. Aber der Vogel kann fliegen. Warum kann der Vogel fliegen? Meine Herren, der Vogel hat etwas ganz Eigentümliches, wodurch er fliegen kann; der Vogel hat nämlich hohle Knochen. Da ist Luft drinnen. Und die Luft, die er durch sein Geruchsorgan aufnimmt, die kommt als Luft in Verbindung mit der Luft, die er in seinen Knochen drinnen hat. Der Vogel ist also wirklich hauptsächlich ein Luftwesen. Das Hauptsächlichste am Vogel ist eigentlich das, was aus Luft besteht. Das andere, das wächst nur an. Und wenn Sie einen Vogel anschauen, der viel Federn hat, werden Sie sehen, daß eigentlich alles abgedorrt ist. Aber das Wichtigste in ihm ist, selbst beim Strauß, daß in jeder solcher Flaumfeder noch etwas Luft drinnen ist, und mit dieser ganzen Luft, aus der er selber besteht, steht die äußere Luft selber in Verbindung. Der Strauß geht ja noch, weil er sonst zu schwer ist, um zu fliegen; aber die anderen Vögel fliegen eben.

Wir Menschen haben nur diese Schulterblätter, die noch dazu höchst ungeschickt, ganz festgefügt sind, an unserem Rücken. Mit denen möchten wir zwar fortwährend fliegen, aber wir können nicht, und so schieben wir das ganze Rückenmark ins Gehirn hinein und fangen an zu denken. Die Vögel denken eben nicht. Man braucht nur richtig die Vögel zu betrachten, so wird man sehen, daß alles bei ihnen in den Flug hineingeht. Es schaut sehr gescheit aus; aber das macht es eigentlich, was in der Luft ist. Die Vögel denken nicht. Wir denken, weil wir nicht fliegen können. Unsere Gedanken sind eigentlich die umgewandelten Flugkräfte. Das ist das Interessante am Menschen, daß sein Geschmack sich in die Gefühlskräfte verwandelt. Wenn ich sage: Ich fühle mich wohl –, so möchte ich eigentlich schwimmen. Aber ich kann nicht schwimmen, und da verwandelt sich das in das innere Wohlgefühl. Wenn ich sage: Mich ekelt –, so möchte ich eigentlich fliegen. Ich kann aber nicht fliegen; so verwandelt sich das in den Gedanken: Mich ekelt, der Mistgeruch ist ekelhaft. – Und so sind alle unsere Gedanken eigentlich im Grunde genommen umgewandelte Gerüche, Und der Mensch ist deshalb ein so vollkommener Denker, weil er all das, was der Hund in der Nase erlebt, im Gehirn erlebt mit dem, was ich da vorstelle. Wir verdanken als Menschen eigentlich unserer Nase außerordentlich viel.

Wir haben aber jetzt gesehen, wie merkwürdig das ist: Das Feste, das nehmen wir mit unserem Gefühl wahr durch die Zwiebeln, die überall nach der Haut hingehen; und das Flüssige, das Wässerige, das nehmen wir mit unserem Geschmackssinn wahr. Das Luftförmige, das Gasförmige, das nehmen wir wahr durch unsere Zwiebeln, die in die Nasenschleimhaut gehen. Wir spüren auch noch etwas anderes um uns herum, aber so im ganzen mehr: das ist Wärme und Kälte. So wie wir eigentlich als Mensch ein Stückchen fester Mensch sind, ein Stückchen Wasser als Mensch, ein Stückchen Luft als Mensch, so sind wir auch ein Stückchen Wärme. Wir sind ja auch wärmer als die äußere Welt.

Aber sehen Sie, die Wissenschaft weiß wirklich nicht richtig, daß das Schmeckende eigentlich der wässerige Mensch ist, und das Riechende der luftförmige Mensch ist.

Wie also orientieren sich Vögel? Durch die heutige Vogelzug-Forschung konnten verschiedene Orientierungsweisen nachgewiesen werden. Einen aktuellen, leicht verständlichen Überblick gibt z. B. Walther Streffer in seinem bereits erwähnten Buch *Vom Wunder des Vogelzuges,* auf das für weitere Details hingewiesen sei. An dieser Stelle sollen die verschiedenen Orientierungsmöglichkeiten nur kurz genannt werden, um sie dann wieder in einen Bezug zu den vorangestellten Ausführungen Rudolf Steiners zu bringen. Tagsüber fliegen die Vögel vielfach mit Hilfe von Sichtorientierung, indem sie sich an Landmarken etc. ausrichten. In der Nacht bilden die Sterne offenbar eine Art Navigationshilfe. Hinzu kommen Orientierung am Magnetfeld der Erde, an sich ändernden Verhältnissen des atmosphärischen Druckes sowie Geruchsorientierung.

Fragen wir uns jetzt noch einmal, durch welchen Raum der Vogel eigentlich zieht, und bedenken wir dabei, daß der Raum keineswegs leer ist, sondern angefüllt ist von verschiedenen leitenden Kräften, so wird deutlich, daß es sich bei den Hinweisen auf die Orientierung am Ätherischen, Magnetischen, am Sternenkosmos sowie an Duftwolken weniger um mechanistisch-kausale Erklärungen handelt, als vielmehr um Weisen, sich innerlich auszurichten. So mutet ja auch das Wittern der Rehe eher wie ein innerliches Abtasten an. Es wird wie abgeschmeckt, womit man es bei diesen Anwehungen zu tun hat. Und tatsächlich scheint all das mehr Ähnlichkeit mit dem zu haben, wie wir uns in unserem Denken und Sinnen orientieren: Nicht selten weht uns mit einem Male etwas an, leuchtet etwas sternengleich auf. Wir wittern vielleicht hier und da eine Fährte, der wir folgen. Wir ahnen Zusammenhänge. Wir folgen Leitlinien, ergreifen große, weisheitsvolle kosmische Bezüge, lassen uns leiten, werden magisch angezogen. – Wie wir im inneren Kosmos Orientierung, Ausrichtung finden, so scheinen sich auch die Vögel im Erdenkosmos von wesentlichen Kräften leiten zu lassen.

Kapitel VI: Zum Vogel-Gesang

Rudolf Steiner spricht im Zusammenhang mit dem Vogelgesang nie davon, daß damit ein Brut- oder Nahrungsrevier verteidigt werde oder daß die singenden Vogelmännchen sich in einem Konkurrenz-Wettbewerb stellten. Stattdessen spricht er

1. davon, was die Vogelstimmen im Vergleich zur Sprache des Menschen sind,

2. davon, daß der Sagenheld Siegfried durch seinen Sieg über den Drachen die Sprache der Vögel verstehen lernte, und

3. von der befruchtenden Wirkung der Vogelstimmen für Vogel, Mensch und Erde.

Vom «Tönen» der Vogelstimmen im Kontext der Fortpflanzung wird nur im Zusammenhang mit den Darstellungen zum Vogelzug als einem Phänomen des früheren Mondenzustandes gesprochen (siehe Kap. V).

Einen heutigen Ornithologen muß das überraschen, wird doch in der sogenannten «Mainstream-Forschung» versucht, den Vogelgesang mit Konzepten wie «Kommunikation», «Revierverteidigung», «Anlokkung von Weibchen», «erhöhte Fitness» (d. h. Vorteil im Kampf ums Dasein) zu verstehen, oder er wird einer strukturell-funktionellen Analyse unterzogen. Von dem ursprünglichen, vielleicht zunächst auch naiven Erlebnis des Vogelgesanges als einem Ertönen von Stimmen am Morgen für Mensch und Erde, davon darf vielleicht noch die Poesie etwas wissen, nicht aber die Wissenschaft.

Rudolf Steiner schildert die Vogelstimmen als ein Erklingen von Höherem, als eine Art Weltentatsache, die von höheren Wesen, von Gruppenseelenwesen gewollt wird und vom einzelnen Vogel vollzogen wird.

Als eine sich vollziehende höhere Weltentatsache ist der Klang der Vogelstimmen für das menschliche Ohr und für die Erde da. Die Sprache der Vögel verstehen zu lernen, heißt dann zu fragen: *Was* teilen sie mit, oder *wer* teilt sich uns Menschen und der Erde mit? Vogelstimmen können daher nicht losgelöst von Mensch und Erde betrachtet werden.

«Ich singe» singt noch nicht aus dir

Da sollte der physische Menschenleib durch eine weitergehende Verwandlung, die er durchzumachen hatte, noch vollkommener werden, als er vorher war. Was hatte er vorher nicht gekonnt? Was hatte der göttliche Geist bei sich behalten? Was hatte er noch gar nicht dem menschlichen Leibe anvertraut? Das war die Fähigkeit, aus dem Innern heraus seine Seelenhaftigkeit ertönen zu lassen! Stumm war dieser auf der Tierstufe stehende Menschenleib auf dem Monde. Die Fähigkeit, das Innere nach außen ertönen zu lassen, war noch bei Gott. Die war noch nicht seinem eigenen Wesen anvertraut. Wenn es auch Tierwesen gibt, welche heute schon tönen können, so ist das doch etwas anderes; sie stehen noch in ganz anderen Zuständen, zwar tönen sie, aber es tönt die Gottheit in ihnen. Das Aussprechen des inneren Seelenhaften in Worten wurde dem Menschen erst auf der Erde zuteil. Vorher waren die Menschen stumm. Diese Fähigkeit des Wortes kam an das Menschenwesen also mit dem Erdendasein heran.

Im Vorwort zur ersten Auflage der Nachschriften des gemeinsam mit Rudolf Steiner gehaltenen Zyklus

Sprachgestaltung und dramatische Kunst schreibt Marie Steiner: «In der Sprache erfaßt der Mensch sein göttliches Wesen; die Laute sind Schöpferkräfte, die ihn mit seinem Ursprung verbinden und ihn die Wege zum Geiste wieder finden lassen. Durch sie erhebt er sich über das Tier hinaus, tastet zurück zu seinem göttlichen Ich. Auf seinem Wege in die Materie hinein mußte sich jener losgelöste Funke des göttlichen Ich, der sich zur Menschwerdung bereitete, mit den Kräften des Abgrundes verbinden. Was an Verdichtungs- und Stauungsgebilden zu hemmend war, konnte durch immer neue Tode und Wandlungen abgestoßen werden. Es entstand das Tierreich, das wie eine ausgebreitete Buchstabenschrift desjenigen ist, was im Menschen sich zusammenballte, ihn zu stark mit Schwere belastete. Im Menschen durfte es sich so weit klären, daß es zum *Worte* werden konnte. Was in dem Tier als Laut und Ton lebt, kann sich nicht zur Sprache erheben; es bleibt Geräusch im kaltblütigen, unartikulierter Laut im warmblütigen Tier. Auch in seiner schönsten Ausgestaltung, dem Vogelgesang, kann sich die Tonlichkeit des Kosmos noch nicht selbst erfassen; sie kann nur hindurchschwingen. Erst in der Sprache kann die individuelle Ichkraft des Menschen ihren tonlichen Ausdruck finden und ihrer selbst gewahr werden. Durch sie kann sich der Kosmos in einem Ichbrennpunkt erfassen und von neuem schöpferisch wirken, aus dem Ich heraus.

Indem sich der Mensch aufrichtet, die horizontale Linie des Tieres zur vertikalen umwandelt, befreit er in sich die Sprachkraft. Das Kind wird von ihr überschattet; es verbindet sich mit ihr, je mehr es in seine Eigenart hereinwächst. Es sagt nicht ich zu sich, solange es noch lallt. In den persönlichen Wünschen, der Egoität, ringt sich zunächst das niedere Ich durch, das im Wünschen Wollende, das sich dann über das Fühlen hin zum Denken durcharbeitet. Sinngemäßes Denken dringt in den Menschen ein auf den Wegen der Sprache. Die Bilder, die Imaginationen werden so ins Bewußtsein gehoben; durch diese Verbindung wird der Mensch zum sinnenden Wesen.»

In einer undatierten Notizbucheintragung hält Marie Steiner fest: «Solange aber eine Stimme nur Ton ist, unartikuliert oder melodiös, wie beim Vierfüßler oder beim Vogel, kann sie nicht Bewußtseinswecker werden. Sie wird es, wenn sich in sie die Sprachkraft ergießt.

Die Sprachkraft ist die zum Leben gewordene Sternenschrift des Kosmos.

Sie schafft sich einen Ausdruck im Menschen.»

Und gehen Sie dann über zu dem, was am meisten an den Menschen herandringt, zu der Stimmentwicklung der Vögel. Sie haben die Möglichkeit da, das Musikalische auf der einen Seite bei den Vögeln zu sehen, auf der anderen das Vokalisierende bei den höheren Tieren, das Konsonantisierende bei den niederen Tieren. Aber sehen Sie, wenn Sie hinausgehen und ein Insekt, die Zikade oder irgendein anderes Insekt, durch die Bewegung der Glieder einen Ton hervorbringend haben: Sie gehen an das Insekt heran. Sie können unmöglich bei diesem Konsonantisieren, beim Anblick des Insektes den Eindruck haben, das will Ihnen etwas sagen. Sie bleiben stehen bei der Auffassung einer Tatsache, die im Tun liegt. Sie gehen zu denjenigen Tieren, die muhen oder meckern oder brüllen. Wiederum haben Sie die Auffassung nicht, daß das über Abwehr, über Wohlgefühl hinaus zu einem inneren Erleben kommt. Es geht nicht ins Innere. Sie haben bei der Stimmentwicklung der Vögel das deutliche Gefühl: das Musikalische lebt nicht in ihnen.

Inneres Zusammenklingen der verschiedenen Erscheinungsweisen des Vogels

Ja, Sie haben noch die natürlichste Empfindung gegenüber der Stimme der Vögel, wenn Sie mit irgendeiner Stimmgestaltung der Vögel vergleichen den Flug, die Bewegung der Flügel, es ergibt sich ein harmonischer Einklang zwischen der Außenbewegung, dem, was der Vogel außen macht, und demjenigen, was er als Stimme entwickelt. Wenn Sie das alles durchgehen und dann die gestaltete Verinnerlichung im menschlichen Vokalisieren finden und das gestaltete Miterleben der Außenwelt im menschlichen Konsonantisieren, und das alles im Zusammenhange mit Gebärde und Mimik, dann bekommen Sie dadurch ein rechtes Gefühl von demjenigen, was der Mensch im Weltenall bedeutet, dadurch daß bei ihm gerade die Sprachgestaltung so werden kann.

Wer intuitives Auffassungsvermögen hat, wird unschwer in dem Brüllen der Raubtiere eine gewisse Nachahmung ihrer Gestalt und namentlich ihrer Bewegung sehen, so wie sich diese aus dem Muskelapparate ergibt. Und so könnte man auch mit einer entsprechenden sinnlich-übersinnlichen Beobachtungsgabe sehen, wie der Gesang der Vögel, die Tonwandlung des Vogels ein wunderbarer Ausdruck der Bewegung des Vogels auf den Wellen der Lüfte selber ist. Auf der anderen Seite kann man beobachten, wie gewisse Vogelarten ihre Tonwandlungen, ihre Gesangsgestaltungen in begleitenden Bewegungen zum Ausdruck bringen.

Oft genug hören wir in einem Gespräch nur auf die Worte, auf den Gedankeninhalte des anderen – und oft genug sind wir dadurch wie taub für das, was er uns eigentlich mitteilen will. Wir horchen nicht auf die Art und Weise, *wie* er etwas sagt, in welchem Tonfall, Rhythmus etc. Wir lauschen nicht hindurch zu der zu uns sprechenden Seele.

Weil wir so gewohnt sind, bloß auf den gedanklichen, begrifflichen Inhalt von Ausführungen zu hören, fällt es uns so schwer, die Lautgebungen der Tiere, etwa die der Vögel, auch als eine «Sprache» zu verstehen.

Hierbei stehen uns nicht nur unsere intellektuellen Gewohnheiten im Wege, sondern oft genug auch unsere eigenen Gefühle, die wir, ohne uns zu hinterfragen, gerne dem anderen überstülpen. Unsere eigene Gefühls- und Wunscheswelt steht dem Hindurchhören auf die Empfindungen, auf die Seelenlage des anderen im Wege. Um die Sprache der Vögel verstehen zu lernen, ist es also notwendig, den eigenen «Drachen» zu überwinden, d. h. die eigenen Gefühle zu läutern und sie zu Wahrnehmungsorganen auszubilden. Hiervon – so Rudolf Steiner – erzählt die Siegfried-Sage.

Daher ist es ein so Großes, wenn einmal mythisch dichtend hingewiesen wird auf dieses Urphänomen des Seelenlebens, wenn uns zum Beispiel von Siegfried erzählt wird, daß es einen Moment für ihn gab, wo er die Stimme der Vögel verstand, die es nicht bis zum menschlichen Worte bringen, die es nur bringen bis zu der Gestaltung von Lautzusammenhängen. Aber was uns wie eine Quelle des inneren Lebens an die Oberfläche plätschert in dem Gesang der Vögel, der Stimme der Vögel, das lebt ja in allem Lebendigen. Das ist es aber gerade in allem Lebendigen, was wir nicht nachleben können, wenn wir bloß dem Worte zuhören, was das Lebendige einsperrt in sein innerliches Seelenkämmerchen. Denn wenn wir dem Worte zuhören, dann hören wir, was der Kopf des andern erlebt. Wenn wir aber das innerlich erfassen, was von Silbe zu Silbe, von Wort zu Wort, von Satz zu Satz in der imaginativen Sprachgestaltung lebt, dann erfassen wir nicht bloß das, was im Kopfe, sondern das, was namentlich im Gemüte des andern Menschen lebt. Wenn wir hören auf das, was uns der Mensch in Worten vorspricht, hören wir, wie fähig er ist; wenn wir aber hören können auf seinen Wortklang, auf seinen Wortrhythmus, auf seine Wortgestaltung, dann hören wir den ganzen Menschen. Und wie wir den ganzen Menschen hören, so gelangen wir – wenn wir uns aufschwingen zu dem Erfassen des begrifflosen, wortlosen Lautgestaltens, das nun auch nicht selber gehört wird, das innerlich erlebt wird – zum Erfassen desjenigen, was die Empfindung objektiv innerlich erlebt. Und indem wir wiederum uns so hineinfinden in eine ganz andere Seelenverfassung, wo das Lautesprechen nebenherging, wo aber die Seele lebte im Rhythmus, im Takt, in dem melodiösen Thema, wo das ein Lebendiges im Seelenerleben war, da kommen wir in eine Zeitepoche zurück, die jenseits des Griechischen nach dem Altertum zu liegt; da kommen wir zurück in jene Epoche, wo die Menschen aufstiegen vom Erfassen der bloßen Metamorphose im Lebendigen zu dem Erfassen von dem, was in der Tierheit, was in der empfindenden Welt lebt, zu dem unmittelbaren Anschauen dessen, was in der empfindenden Welt lebt.

Die Siegfried-Gestalt ist ja zunächst aus der deutschen Fassung des Nibelungenliedes bekannt. Sie wissen, Siegfried war imstande, sich unsichtbar zu machen. Er war im Besitze des Nibelungenhortes, des Goldes, an das viel gebunden ist: das äußere irdische Glück, aber zu gleicher

Zeit auch ein gewisser Fluch, ein Verhängnis. Sie wissen auch, daß er sich Brünhilde anverlobt hat. Das ist ein Zug, der im deutschen Mythos nicht steht, ohne den aber der deutsche Mythos kaum verständlich wird. Sie wissen, daß er, indem er seinen Ehebund mit Kriemhilde eingegangen ist, er für Gunther gerade dann Brünhilde durch eine Täuschung erwirbt, nämlich dadurch, daß er in Gestalt eines andern erscheint, was dann zu seinem Verhängnis wird und zu seinem Tode führt. Sie wissen, daß Siegfried durch seine Gemahlin am Hunnenhofe bei Etzel oder Attila gerächt wird.

Das sind so die Hauptzüge der Siegfried-Gestalt. Die Züge in der deutschen Sage finden eine wesentliche Vertiefung in der nordischen, die uns noch etwas ganz anderes sagt. In der deutschen Sage finden wir Siegfried im Besitze der Tarnkappe, durch die es ihm möglich war, sich unsichtbar zu machen. In der nordischen werden wir von der Gestalt des Siegfried oder Sigurd hineingeführt in die Götterwelt. Dieser Göttermythos ist voll von Mysterien und Geheimnissen. Da erfahren wir – und ich kann nur die alleräußersten Umrisse andeuten –, daß die Götter selbst gezwungen waren, das Gold, das sie von den Nibelungen erworben haben, den Riesen zu übergeben als Entgelt für eine Schuld, die sie begangen haben. In Gestalt eines Lindwurms bewacht nun ein Riese diesen Schatz. Das ist ein bedeutsamer Zug, daß Siegfried, der Sprößling der alten Götter und sozusagen mit Wotan selbst verwandt, in seiner Jugend berufen ist, den Lindwurm, den Hüter des Goldes, zu überwinden. Dadurch wird ihm die Kraft, durch die er seine Macht erlangt. Durch wenige Tropfen vom Blute des Lindwurms, die er an seine Lippen bringt, ist er imstande, die Sprache der Vögel zu verstehen; er vermag also einen tiefen Blick in die Natur zu tun und verborgene Weisheit in sich aufzunehmen. Durch diese Vervollkommnung ist er imstande, sich der von Feuer und Flammen umgebenen

Walküre Brünhilde zu nähern und sich ihr anzuverloben, er, der sich selbst den Nibelungenschatz im Kampfe gegen den Lindwurm erobert hat.
Nicht zufällig, sondern aus tiefster Weisheit heraus, taucht auch in der deutschen Gestalt des Nibelungenliedes, da, wo das Volk hinunterzieht an den Hof des Königs Etzel, um dem Untergang entgegenzugehen, das neue Christentum auf. Es scheint das Christentum hinein in die alte Welt. Ausgegangen ist die Welt von der Liebe. Man erinnerte sich symbolisch an eine alte Liebe, die ersetzt worden ist durch die Satzungen, die im Golde begründet worden sind. Die Zeit des Goldes hat es dahin gebracht, daß das höhere Bewußtsein der Brünhilde zerstörend gewirkt hat. Und der Zeitpunkt, wo die alten Götter hinuntergesunken sind, ist kosmisch mit der Zeit dargestellt, wo das astrale Schauen dem physischen Schauen gewichen ist, das dadurch ein Abbild des kosmischen Vorganges wird.

Die Liebe statt der Satzungen soll als neues Element auferstehen. Sogar das deutet der Mythos sinnbildlich an, und in dieser Tatsache tritt er noch intimer hervor: Als Siegfried verraten werden sollte, bezeichnete sein Weib die Stelle, wo er verwundet werden konnte, mit einem Kreuz. Seelisch unverwundbar durch das irdische Sinnliche ist jeder Eingeweihte, wenn auch sein Körper in Stücken von ihm gerissen wird. Die Seele hat sich in das höhere Leben hineingelebt. Eines hat aber der Eingeweihte noch nicht erreichen können. Siegfried ist an der Stelle verwundbar geblieben, wo die ins Göttliche geläuterte moralische Gesetzlichkeit in Liebe aufflammen soll. Dieses Aufflammen der sich vergöttlichenden Moral in Liebe ist das Wesen des Christentums. Das gehörte noch nicht zur Einweihung des Siegfried. Nachdem die Götterdämmerung vorbei ist, tritt unter die alten Kämpfenden ein anderer Held hinein, der höher steht als Siegfried, der unverwundbar ist an der Stelle, wo Siegfried noch verwundbar war.

Das Kreuz, das Kriemhilde nur hinzeichnen kann, das hat der Große auf seinem Rücken getragen. – Sie sehen, welch tiefer Untergrund, welch geistiges Lebensbild in dieser Sage der Vorzeit vorhanden ist. Das Rätsel der Menschheit tönt uns da überall entgegen.

Sie wissen alle, daß sich Richard Wagner nicht begnügt hat mit der Siegfried-Gestalt des Nibelungenliedes, sondern daß er zur nordischen Sage zurückgriff, wenn er auch die einzelnen Motive und Persönlichkeiten etwas änderte. Er stellt Siegfried dar als die Seele, die durch die Tötung des Lindwurms durch die Einweihung hindurchgegangen ist, als eine Wesenheit, die die Sprache der Vögel versteht, die also nicht allein durch die Tore der Sinnenwelt sieht und hört. Und in der Götterdämmerung läßt er uns den Zusammenhang erschauen, der in Brünhilde symbolisiert ist als die alte Götterwelt, die hinuntertaucht in die Tiefen, aus der dann die christliche Liebe sich erhebt, die an die Stelle der alten Götterwelt getreten ist.

Er [Siegfried] hat den Lindwurm getötet, einen Tropfen des Blutes, des Symbols der Leidenschaften in sich aufgenommen und ist dadurch in den Stand gesetzt, die Sprache der Vögel, des Sinnlich-Irdischen, zu verstehen. Er kann den Weg des höheren Eingeweihten gehen; der Weg zu Brünhilde, dem Allbewußtsein, wird ihm gezeigt.

Wenn man so das Wort «Wandervogel» hört, so kommt einem aus diesem Wort das Gefühl: weiß denn heute überhaupt ein gereister Mensch, was in alten Zeiten das Wandern war, was der Wanderer war? Zu bildhaftem Seelenerleben müssen wir wieder zurück. Weiß denn heute ein Mensch noch, wenn er der Vogelwelt gegenübersteht, daß man erst das durchmachen muß, was Siegfried durchmachen mußte, um die Sprache der Vögel zu verstehen? Wandervögel – Wotan, Siegfried: das ist dasjenige, was man erst wieder empfinden, verstehen muß. Man muß erst den Weg finden von der abstrakten Auffassung des Wandervogels zu dem in Wind und Wolken und Wellen des Erdorganismus webenden Wotan und zu der verborgenen Sprache der Vögel, die man kennenlernen muß, indem man zuerst das Siegfried-Erinnern und das Siegfried-Schwert in sich rege macht, das nur die prophetische Vorausnahme des Michael-Schwertes war. Man muß den Weg finden vom Wanderer zu Wotan, den Weg finden, wie man leichten Herzens sich öffnend wieder glauben kann an die verborgene Sprache der Vögel. Sie alle empfinden den Weg vom Wandervogel zum Wotan, zum Siegfried. Und kann man das in seiner Seele tief empfinden, so wird man auch die Möglichkeit finden, die Natur zu empfinden, und wissen um diese Dinge.

Inspirierend für Vogel, Mensch und Erde

Wenn Sie im Frühling oder Herbst einen Schwalbenschwarm sehen, der in seinem Hinfliegen zugleich den Luftkörper in Schwingungen bringt, einen bewegten Luftstrom hervorruft, so bedeutet dieser bewegte Luftstrom, der aber dann bei jedem Vogel vorhanden ist, für die Sylphen etwas Hörbares. Weltenmusik ertönt daraus den Sylphen. Wenn Sie irgendwo, sagen wir, auf dem Schiffe fahren, und die Möwen heranfliegen, dann ist in dem, was durch den Möwenflug erregt wird, ein geistiges Ertönen, eine geistige Musik, die das Schiff begleitet.

Wiederum sind es die Sylphen, welche in diesem Tönen drinnen sich entfalten und entwickeln und in diesen erregten Luftströmen ihre Heimat finden. Im dem geistig-tönend bewegten Luftelemente finden sie ihre Heimat und nehmen dabei dasjenige auf, was die Kraft des Lichtes in diese Luftschwingungen hineinschickt. Dadurch aber fühlen sich diese Sylphen, welche im Grunde genommen für sich mehr oder weniger schlafende Wesenheiten sind, überall dort am heimischsten, am meisten Zuhause, wo der Vogel die Luft durcheilt. Wenn eine Sylphe gezwungen ist, die vogellose Luft zu durchschwirren, dann ist es für sie so, als ob sie sich selbst verloren hätte. Wenn ihr der Anblick des Vogels in der Luft wird, dann kommt etwas ganz Besonderes über die Sylphe. Ich mußte oftmals einen gewissen Vorgang für den Menschen darstellen, jenen Vorgang, der die Menschenseele dazu führt, zu sich «Ich» zu sagen. Ich habe immer aufmerksam gemacht auf den Ausspruch Jean Pauls, daß da der Mensch, wenn er zum ersten Mal zu der Ich-Vorstellung kommt, wie in das verhangenste Allerheiligste der Seele hineinsieht. Die Sylphe sieht nicht in ein solches verhangenes Allerheiliges der eigenen Seele hinein, sondern sie sieht den Vogel, und die Ich-Empfindung überkommt sie. In dem, was der Vogel, durch die Luft fliegend, in ihr erregt, findet die Sylphe ihr Ich. Und damit, daß das so ist, daß sie am Äußeren ihr Ich entzündet, wird die Sylphe die Trägerin der kosmischen Liebe durch den Luftraum. Die Sylphe ist zugleich, indem sie etwa so wie ein menschlicher Wunsch lebt, aber das Ich nicht in Inneren hat, sondern in der Vogelwelt hat, die Trägerin der Liebeswünsche durch das Universum hindurch.

Deshalb ist zu schauen die tiefste Sympathie der Sylphen zu der Vogelwelt. Wie der Gnom die Amphibienwelt haßt, wie die Undine sensitiv ist und sich gewissermaßen nicht nähern mag dem Fische, weg will vom Fisch, ein Grauen in gewissem Sinne empfindet, so will die Sylphe zum Vogel hin, fühlt sich wohl, wenn sie an sein Gefieder herantragen kann die schwebend-tönende Luft. Und wenn Sie den Vogel fragen würden, von wem er singen lerne, dann würden Sie von ihm hören, daß er seinen Inspirator in der Sylphe hat. Die Sylphe hat ein Wohlgefallen an der Vogelgestalt. Aber sie ist abgehalten durch die kosmische Ordnung, Vogel zu werden, denn sie hat eine andere Aufgabe. Sie hat die Aufgabe, in Liebe das Licht an die Pflanzen heranzutragen. Geradeso wie die Undine der Chemiker ist, ist dadurch die Sylphe für die Pflanze der Lichtträger. Sie durchsetzt die Pflanze mit Licht; sie trägt in die Pflanze das Licht hinein.

Und so leuchtete zum Johannifest durch die Verrichtungen, die für einen Teil der Menschheit, die eben daran teilnehmen wollte, veranstaltet wurden, so leuchtete herein das Ich-Bewußtsein eben zu dieser Hochsommerzeit. Und zu dieser Hochsommerzeit konnten die Menschen wenigstens so weit das Mineralische wahrnehmen, daß sie mit Hilfe dieses Mineralwahrnehmens eine Art Ich-Bewußtsein bekamen, wobei ihnen allerdings das Ich als etwas erschien, das von außen her in die Träume hereinkam. Und um das zu bewirken, wurden in den ältesten Hochsommerfesten, in den Festen zur Sommersonnenwendezeit, die dann unsere Johannifeste geworden sind, die Teilnehmer angeleitet, ein musikalisch-poetisches Element zu entfalten voll von Gesang begleiteter, streng rhythmisch angeordneter Reigentänze. Erfüllt von eigentümlichen musikalischen Rezitativen, die von primitiven Instrumenten begleitet wurden, waren gewisse Darstellungen und Aufführungen. Solch ein Fest war durchaus in Musikalisch-Poetisches getaucht. Der Mensch strömte das, was er in seinem Traumbewußtsein hatte, in musikalisch-sanglicher, in tanzartiger Weise wie in den Kosmos hinaus.

Was dazumal unter der Anleitung derjenigen Menschen, die selber wieder ihre Anleitung von den Mysterien hatten, für solche mächtige, weit ausgebreitete Volksfeste der alten Zeiten an Musikalischem, an Gesanglichem geleistet worden ist, dafür kann der moderne Mensch nicht ein unmittelbares Verständnis haben. Denn was dann später Musikalisches, Poetisches geworden ist, das steht weit ab von jenem primitiven, elementaren, einfach Musikalisch-Poetischen, das zur Hochsommerzeit unter der Anleitung der Mysterien in jenen alten Zeiten entfaltet wurde. Alles zielte daraufhin, daß, während die Menschen ihre von Gesang und primitiven poetischen Aufführungen begleiteten Reigentänze machten, sie in eine Stimmung kamen, durch die eben dasjenige geschah, was ich jetzt genannt habe das Hereinleuchten des Ich in die menschliche Sphäre.

Aber wenn man diese alten Menschen, die die Anleitungen hatten, gefragt hätte: Ja, wie kommt man denn eigentlich darauf, solche Gesänge, solche Tänze zu bilden, durch welche das, was ich geschildert habe, entstehen kann? – dann hätten diese alten Menschen wiederum eine für den modernen Menschen höchst paradoxe Antwort gegeben. Sie hätten zum Beispiel gesagt: Ja, vieles ist überliefert, vieles ist schon da, das haben noch ältere gemacht! – Aber in gewissen alten Zeiten hätten die Menschen so gesagt: Man kann es auch heute noch lernen, ohne daß man etwas auf eine Tradition gibt, wenn man nur das, was sich offenbart, weiter ausbildet. Man kann auch heute noch lernen, wie man sich der primitiven Instrumente bedient, wie man die Tänze formt, wie man die Gesangsstimme meistert. – Und nun kommt eben das Paradoxe, was diese alten Leute gesagt hätten. Sie würden gesagt haben: Das lernt man von den Singvögeln. – Aber sie haben eben in einer tiefen Weise verstanden den ganzen Sinn dessen, warum eigentlich die Singvögel singen.

Das ist ja längst vergessen worden von der Menschheit, warum die Singvögel singen. In der Zeit, in der der Verstand alles beherrscht, in der die Menschen intellektualistisch wurden, gewiß, die Menschen haben sich ja auch da Gesangskunst, poetische Kunst bewahrt, aber den

Zusammenhang des Singens mit dem ganzen Weltenall haben sie in der Zeit des Intellektualismus vergessen. Und selbst jemand, der begeistert ist für die musische Kunst, der die musische Kunst hinausstellt über alles Banausisch-Menschliche, der sagt aus diesem späteren intellektualistischen Zeitalter heraus:

> Ich singe, wie der Vogel singt,
> Der in den Zweigen wohnet.
> Das Lied, das aus der Kehle dringt,
> Ist Lohn, der reichlich lohnet.

Ja, das sagt der Mensch eines gewissen Zeitalters. Der Vogel selber würde es nämlich niemals sagen. Der Vogel würde niemals sagen: «Das Lied, das aus der Kehle dringt, ist Lohn, der reichlich lohnet.» Und ebensowenig hätten es die alten Mysterienschüler gesagt. Denn wenn in einer bestimmten Jahreszeit die Lerchen, die Nachtigallen singen, dann dringt das, was da gestaltet wird, nicht durch die Luft, aber durch das ätherische Element in den Kosmos hinaus, vibriert im Kosmos hinaus bis zu einer gewissen Grenze; dann vibriert es zurück auf die Erde, und dann empfängt die Tierwelt dieses, was da zurückvibriert, nur hat sich dann mit ihm das Wesen des Göttlich-Geistigen des Kosmos verbunden. Und so ist es, daß die Nachtigallen, die Lerchen ihre Stimmen hinausrichten in das Weltenall und daß dasjenige, was sie hinaussenden, ihnen ätherisch wieder zurückkommt für den Zustand, wo sie nicht singen, aber das ist dann durchweht von dem Inhalte des Göttlich-Geistigen. Die Lerchen senden ihre Stimmen hinaus in die Welt, und das Göttlich-Geistige, das an der Formung, an der ganzen Gestaltung des Tierischen teilnimmt, das strömt auf die Erde wiederum herein auf den Wellen dessen, was zurückströmt von den hinausströmenden Liedern der Lerchen und Nachtigallen.

Man kann also, wenn man nicht aus dem intellektualistischen Zeitalter heraus, sondern aus dem wirklichen, allumfassenden menschlichen Bewußtsein heraus redet, eigentlich nicht sagen: «Ich singe, wie der Vogel singt, der in den Zweigen wohnet. Das Lied, das aus der Kehle dringt, ist Lohn, der reichlich lohnet», sondern man müßte dann sagen: Ich singe, wie der Vogel singt, der in den Zweigen wohnet. Das Lied, das aus der Kehle hinausströmt in Weltenweiten, kommt als Segen der Erde wiederum zurück, befruchtend das irdische Leben mit den Impulsen des Göttlich-Geistigen, die dann weiterwirken in der Vogelwelt, und die nur deshalb in der Vogelwelt der Erde wirken können, weil sie den Weg hereinfinden auf den Wellen desjenigen, was ihnen hinausgesungen wird in die Welt.

Nun sind ja nicht alle Tiere Nachtigallen und Lerchen; es singen auch selbstverständlich nicht alle hinaus, aber etwas Ähnliches, wenn es auch nicht so schön ist, geht von der ganzen tierischen Welt in den Kosmos hinaus. Das verstand man in jenen alten Zeiten, und deshalb wurden die Schüler der Mysterienschulen angeleitet, solches Gesangliche, solches Tänzerische zu erlernen, das sie dann aufführen konnten am Johannifest, wenn ich es mit dem modernen Ausdruck nennen darf. Das sandten die Menschen in den Kosmos hinaus, natürlich in einer jetzt nicht tierischen, sondern vermenschlichten Gestalt, als eine Weiterbildung dessen, was die Tiere in den Weltenraum hinaussenden.

Kapitel VII: Zur Ökologie der Vögel

In diesem Kapitel werden neben dem siebten Vortrag aus dem «Landwirtschaftlichen Kurs» ein weiteres Mal Ausführungen aus *Der Mensch als Zusammenklang des schaffenden, bildenden und gestaltenden Weltenwortes* (GA 230) herangezogen. Ihnen vorangestellt sind Auszüge aus Rudolf Steiners 8. Vortrag in *Leben*diges *Naturerkennen. Intellektueller Sündenfall und spirituelle Sündenerhebung* (GA 220).

Damit wird ein Bogen geschlagen von der Bedeutung des Vogelwesens für den landwirtschaftlichen Organismus zu seiner Bedeutung für Mensch und Erde und ihre weitere Evolution. Eine ungeahnte «karmische» Beziehung zwischen Natur und Mensch wird dabei offenbar: Nur dank der Tierwelt ist eine Fortentwicklung von Erde und Mensch möglich. Die Tiere leisten einen unschätzbaren Ausgleich gegenüber dem, was der Mensch durch seine Entwicklung zur Freiheit, die ihm als Impuls innewohnt, an unvermeidbaren Schulden gegenüber Erde und Kosmos in Kauf nehmen muß. Das Bild des von Adler, Löwe und Stier begleiteten Menschen entpuppt sich als eine weltbedeutende, notwendige Dimension einer zukunftsweisenden Ökologie.

Naturintime Wechselwirkungen

Die Ökologie im herkömmlichen Sinne macht den Schritt von der Biologie einzelner Organismen hin zu den *Beziehungen* der Organismen untereinander im Gesamtgefüge der Natur. In einer geisteswissenschaftlich erweiterten Ökologie treten an die Stelle von materiell und äußerlich gedachten Ursache-Wirkungs-Verhältnissen solche Beziehungen, die der «Natur», dem «Wesen» der Organismen entspringen. Im siebten Vortrag des «Landwirtschaftlichen Kurses» verwendet Rudolf Steiner dafür den Begriff der «naturintimeren Wechselwirkungen».

Heute, in der materialistischen Zeit, verfolgt man nur die groben Wirkungen des einen auf das andere; wenn das eine durch das andere gefressen, verdaut wird, oder wenn der Mist von den Tieren auf die Äcker kommt. [...]

Es finden ja außer diesen groben auch durch feinere Kräfte und auch durch feinere Substanzen, durch Wärme, durch in der Atmosphäre fortwährend wirkendes Chemisch-Ätherisches, durch Lebensäther fortwährend Wechselwirkungen statt. Und ohne daß man diese feineren Wechselwirkungen berücksichtigt, kommt man für gewisse Teile des landwirtschaftlichen Betriebes nicht vorwärts. Wie müssen namentlich auf solche, ich möchte sagen, naturintimeren Wechselwirkungen hinschauen, wenn wir es zu tun haben mit dem Zusammenleben von Tier und Pflanze innerhalb des landwirtschaftlichen Betriebes.

Die Notwendigkeit einer solchen Betrachtungsweise formuliert Rudolf Steiner hier im speziellen auch für die Vogelwelt:

Ja wir müssen sogar verstehen, in verständiger Weise hinzuschauen auf die Vogelwelt. Darüber macht sich heute die Menschheit noch nicht richtige Begriffe, welchen Einfluß die Vertreibung gewisser Vogelarten aus gewissen Gegenden durch die modernen Lebensverhältnisse für alles landwirtschaftliche und forstmäßige Leben eigentlich hat. In diese Dinge muß wiederum durch eine geisteswissenschaftliche, man könnte ebenso gut sagen makrokosmische Betrachtung hineingeleuchtet werden.

Zentraler Inhalt des Konzeptes von «naturintimeren Wechselwirkungen» ist, daß die Organismen existentiell auf *Begegnung* angelegt sind. Hierbei wird insbesondere die Begegnung zwischen den beiden Naturreichen Tier und Pflanze ins Auge gefaßt.

Die Umgebung wird tingiert durch das Tier, und das Tier verleibt sozusagen die Umgebung in seine Welt ein: Es verinnerlicht. Für diese Grundgeste des tierischen Daseins zeichnet Rudolf Steiner im «Landwirtschaftlichen Kurs» die folgende Tafelskizze:

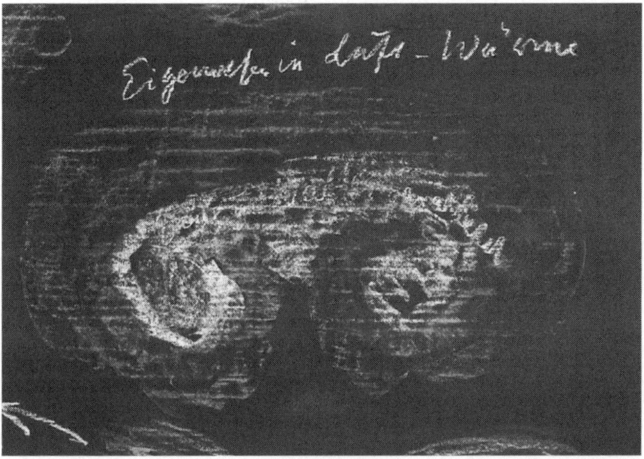

Von «oben» kommend, in Luft und Wärme verinnerlicht, verleibt das Tier das, was ihm durch die Sinne entgegenkommt, in seine Seelenwelt ein. Das Tier selbst bleibt dabei eine in sich geschlossene, seelische «Wolke».

Wie anders stellt sich im Gegensatz dazu die Pflanze ins Leben:

sondern es ist so, daß, während das Tier aufnimmt Irdisches und Wäßriges und in sich verarbeitet, die Pflanze gerade Luft und Wärme ausscheidet, indem sie mit dem Erdboden zusammen sie erlebt. Also Luft und Wärme gehen nicht hinein, oder sind wenigstens nicht wesentlich weit hineingegangen, sondern es gehen heraus Luft und Wärme und werden, statt aufgezehrt von der Pflanze, ausgeschieden.

[...] So gibt die Pflanze und lebt vom Geben [...] Die Pflanze gibt, das Tier nimmt im Haushalt der Natur.

Zu diesen Bemerkungen malt Rudolf Steiner die Geste der Pflanzenwelt wie folgt: von unten, aus dem Mineralisch-Wäßrigen kommend, sich nach oben öffnend, Luft und Wärme «physisch» ausströmend, so daß sie von der Tierwelt entgegengenommen werden können.

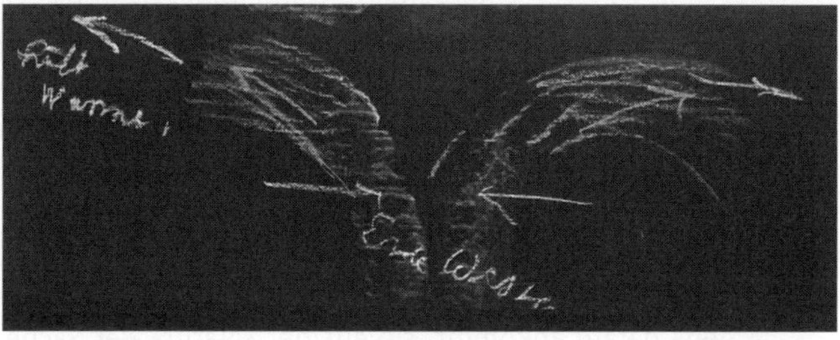

Und dann findet man, daß die Vogelwelt dann schädlich wird, wenn sie nicht an ihrer Seite den Nadelwald hat, damit dasjenige, was sie vollbringt, ins Nützliche umgewandelt werde. Hat man diese merkwürdige Verwandtschaft der Vögel gerade mit den Nadelwäldern erkannt, dann bekommt man eine andere Verwandtschaft heraus [...]. Nämlich zu all dem, was nun zwar nicht Baum wird, aber auch nicht kleine Pflanze bleibt, zu den Sträuchern, zum Beispiel zu den Haselnußsträuchern, da haben die Säugetiere eine innere Verwandtschaft, und man tut daher gut, zur Aufbesserung seines Säugetierwesens in einer Landwirtschaft in der Landschaft strauchartige Gewächse anzupflanzen.

Daß das Vogelwesen einen Bezug zum Nadelwald hat, läßt sich auch wie folgt begründen. Von der Kopf-Natur des Vogels war ja in den bisherigen Kapitel hinreichend die Rede. Im Vergleich zu den Säugetieren ist der Vogel deutlich weniger im Stoffwechsel-Gliedmaßenbereich, als vielmehr im Sinnes-Nerven-Pol beheimatet, anwesend. Im Jahreslauf entspricht der Winter mehr dem Kopfpol des Jahres als der stoffumsetzende, sinnliche Sommer. Solch Winterliches findet man in der Landschaft mit zunehmender Höhe oder geographisch mit zunehmender Nähe zu den Erd-Polen. Hier werden Koniferen bestimmend, während in den tieferen Lagen oder in mehr gemäßigten oder tropischen Breiten die Laubbäume vorherrschen. Nadelbäume haben also Bezug zum «Kopfigen».

Gerade an diesen Betrachtungen wird deutlich, wie sehr es bei den «naturintimeren Wechselwirkungen» darauf ankommt, sie aus der «Natur» der Sache, innerlich, aufzufassen. Das Nadelbaumwesen schafft die «Luft», die Atmosphäre, die das Vogelwesen in sich trägt und in seinem Wesensleben (Verhalten) aufsucht. Das «Nadelbaumige» strahlt eine Beziehung zum Vogelwesen aus und umgekehrt.

Damit wird auch verständlich, warum nun nicht unbedingt zu erwarten ist, daß die Nadelbäume von Vögeln auch konkret (und in Massen) aufgesucht werden. Wichtig ist vielmehr allein die Anwesenheit von Nadelbaumartigem in einer Landschaft. Rudolf Steiner weist aber andererseits auch darauf hin, daß der seelische Bezug, die «Liebe» vom Tier zur Pflanze, durchaus so weit gehen kann, daß das Tier seine Pflanze zum Fressen gern bekommt.

Die Tiere sind ja nicht so töricht wie die Menschen, die merken nämlich sehr bald, daß diese Verwandtschaft da ist. Und wenn sie merken, daß sie die Sträucher lieben, daß ihnen die Liebe dazu angeboren ist, dann bekommen sie auch diese Sträucher zum Fressen gern, und sie fangen an, das Nötige davon zu fressen, was ungeheuer regulierend wirkt auf das andere Futter.

Verkümmerung der Vegetation und Schädlichkeit der Vogelwelt

Die Beziehung zwischen Pflanze und Tier ist so eng, daß sie, um ihr Dasein zu fristen, gegenseitig aufeinander angewiesen sind. Die Pflanze verkümmert ohne das Tier, und das Tier seinerseits wird schädlich, wenn die ihm zugehörige Vegetation fehlt:

Nimmt man dieses Fluggetier weg, so versagt die Astralität eigentlich ihren ordentlichen Dienst, und man wird das in einer gewissen Art von Verkümmerung der Vegetation erblicken. Das gehört zusammen: Fluggetier und dasjenige, was aus der Erde in die Luft hineinwächst. Eins ist ohne das andere letzten Endes gar nicht denkbar.

Und dann findet man, daß die Vogelwelt dann schädlich wird, wenn sie nicht an ihrer Seite den Nadelwald hat, damit dasjenige, was sie vollbringt, ins Nützliche umgewandelt werde.

Fruchtbare Verteilung von Astralität

> Jeder Vegetations-Typ hat seine ihm eigene Stimmung, jeder Baum ist in seiner Weise eine Art «Ansammler von Astralität». Von dieser luftigen, atmosphärischen Astralität lebt das Tier, indem es sie verinnerlicht. «Die Pflanze gibt, das Tier nimmt im Haushalt der Natur», so Rudolf Steiner im siebten Vortrag des «Landwirtschaftlichen Kurses». Das Tier speist sich von der ihm zugehörigen Stimmung der Pflanzenwelt, kann daran sein seelisches Wohlbefinden erleben und ausleben. Andererseits zeigt sich, daß die verinnerlichende Stimmung, die «innigliche» Astralität, die die Tiere der Pflanzen-Welt entgegenbringen, ihrerseits förderliche, ja «aufziehende» Wirkung hat: Der lateinische Name der Ordnung der Singvögel, «Oscines», ist ein Wort aus der Auguralsprache und bezeichnete die «Weissagevögel». Was sie Jahr für Jahr in die Welt hinaussingen und verkünden, ist voll kosmischer Weisheit.

Das Lied, das aus der [Vogel-]Kehle hinausströmt in Weltenweiten, kommt als Segen der Erde wiederum zurück, befruchtend das irdische Leben mit den Impulsen des Göttlich-Geistigen [...]

Vogelschaffende Umgebung

In den folgenden Darstellungen gibt Rudolf Steiner am Beispiel von Fisch und Vogel so etwas wie eine Übungsanleitung zum Gewahrwerden der Elementar- oder Beziehungswesen. Die natürliche Umgebung dieser Tiergruppen offenbart sich dadurch als von übersinnlichen Wesen belebt, die «fischschöpferisch» oder «vogelschaffend» wirksam sind.

Damit will ich nur sagen, daß es Wesen gibt, welche heute darauf warten, daß wir uns mit ihnen so vereinigen, wie wir uns mit andern Menschen in einem wirklichen Erkenntnisgefühl vereinigen, damit diese Wesenheiten teilnehmen können an dem, was wir lernen, über die Dinge zu wissen, mit den Dingen zu handeln. Wenn der Mensch heute im gewöhnlichen Sinne Physik oder Chemie studiert, so ist er gegenüber den hegenden und pflegenden Wesen, die ihn einstmals zu dem gemacht haben, was er ist, undankbar. Denn diese Wesenheiten müssen neben alledem, was der Mensch heute in seinem Bewußtsein entfaltet, im Erdenbereich erfrieren. Und dankbar wird die Menschheit erst wiederum diesen Hegern und Pflegern gegenüber, wenn sie sich dazu bequemt, für das, was sie auf der Erde mit Augen sehen, mit Ohren hören, mit Händen greifen kann, wieder den Geist zu suchen. Denn für alles, was geistig die Sinneswahrnehmungen durchdringt, haben diese Wesenheiten die Möglichkeit, es mit dem Menschen mitzuerleben. Durch das, was in bloß materieller Weise erfaßt wird, sind diese Wesenheiten nicht imstande, mit den Menschen zu leben. Sie sind ausgeschlossen davon. [...]

Nehmen wir zum Beispiel an, der heutige Mensch läßt sich einen Fisch auf den Tisch legen, er läßt sich einen Vogel in einen Käfig sperren, und er sieht äußerlich mit seinen Sinnen den Fisch an, er sieht äußerlich mit seinen

Sinnen den Vogel an. Aber er ist so egoistisch in seiner Erkenntnis, daß er bei dem stehenbleibt, was unmittelbar daran haftet. Unegoistisch in der Erkenntnis wird man erst, wenn man nicht nur den Fisch im Wasser sieht und den Vogel in der Luft, sondern wenn man es schon der Form des Fisches und der Form des Vogels ansieht, daß der Fisch ein Tier aus dem Wasser und durch das Wasser ist, der Vogel ein Tier aus der Luft und durch die Luft.

Und ich schaue den Vogel an, der nicht die Möglichkeit hat, seinen Kopf im Wasser auszubilden, indem er dem sonnendurchwärmten, sonnendurchleuchteten Wasser entgegenschwimmt, oder mit dem sonnendurchwärmten, sonnendurchleuchteten Wasser schwimmt; den Vogel, der auf die Luft angewiesen ist. Ich lerne kennen das Anstrengende, das nun in seinem Atmen liegt, wo nicht das Wasser, das die Atmung unterstützt, auf Kiemen wirken kann, sondern wo die Atmung zu einer Anstrengung wird. Ich lerne erkennen, wie in anderer Weise das Durchwärmen der Sonne, das Durchleuchten der Sonne in der Luft wirkt, und ich werde gewahr, wie vom Vogelkiefer zurückgedrängt wird die Vogelsubstanz. Ich erkenne, wie es beim Vogel etwa so ist, wie wenn ich alles Fleisch, das an den Zähnen liegt, zurückdrängen würde und der Kiefer nach vorne verhärtet gehen würde. Ich lerne erkennen, warum mir der Vogel seinen Schnabel entgegenstreckt, während mir beim Fisch in zarterer Weise der Kiefer in Körpersubstanz hingehalten ist. Ich lerne erkennen, wie der Vogelkopf ein Geschöpf der Luft ist, aber der Luft eben, die durch die Sonne innerlich erglüht, erleuchtet wird. Ich lerne erkennen, was für ein gewaltiger Unterschied ist zwischen dem durchwärmten und durchleuchteten Wasser, das fischschöpferisch ist, und der durchwärmten und durchleuchteten Luft, die vogelschaffend ist. Ich lerne verstehen, wie durch diesen Unterschied das ganze Element, in dem der Vogel lebt, ein anderes wird; wie die Fischflosse durch das Wasserelement ihre einfache Strahlung bekommt, wie die Vogelfedern ihre Ansätze bekommen dadurch, daß da in einer bestimmten Weise hineinwirkt die Luft, in der Sonnenlicht und Sonnenwärme wirken.

Wenn ich in dieser Weise von der bloßen groben Anschauung zu einer solchen Auffassung übergehe, daß ich nicht zu faul bin, wenn der Fisch auf den Tisch kommt, das Wasser mitzusehen, und wenn der Vogel im Käfig ist, die Luft mitzusehen, wenn ich mich nicht darauf beschränke, die Luft um den Vogel herum nur dann zu sehen, wenn er in der Luft fliegt, sondern wenn ich seiner Form das Luftbildende anfühle und anschaue, dann belebt sich, dann durchgeistigt sich mir dasjenige, was schon in den Formen lebt. Und ich lerne auf diese Weise unterscheiden, was für ein Unterschied ist im Miterleben in der äußeren Natur zwischen einem Dickhäuter, einem Nilpferd meinetwillen, und einem mit weicher Haut überzogenen Tier, einem Schwein zum Beispiel. Ich lerne erkennen, daß das Nilpferd dazu veranlagt ist, seine Haut mehr dem unmittelbaren Sonnenlichte auszusetzen, das Schwein fortwährend seine Haut zurückzieht vor dem unmittelbaren Sonnenlichte, mehr eine Vorliebe hat für das, was sich dem Sonnenlichte entzieht. Kurz, ich lerne in jedem einzelnen Wesen das Walten der Natur kennen.

Ich gehe hinaus von den einzelnen Tieren zu den Elementen. Ich verlasse den Pfad des Chemikers, der da sagt, das Wasser besteht aus zwei Atomen Wasserstoff, einem Atom Sauerstoff. Ich verlasse das physikalische Betrachten, das da sagt, die Luft besteht aus Sauerstoff und Stickstoff. Ich gehe zu dem konkreten Anschauen über. Ich sehe das Wasser erfüllt von Fischen. Ich sehe die Verwandtschaft zwischen Wasser und Fisch. Ich sage: Das ist ja doch etwas ganz Ausgefallenes, wenn ich nur das Wasser in seiner Abstraktheit anspreche als Wasserstoff und Sauerstoff. In Wirklichkeit ist das Wasser mit Sonne und Mond zusammen fischschaffend, und durch die Fische spricht die elementare Natur des Wassers zu meiner Seele. Es ist bloß eine Abstraktion, wenn ich die Luft anspreche als ein Gemisch von Sauerstoff und Stickstoff, die durchleuchtete und durchwärmte Luft, die das Fleisch vom Vogelschnabel zurückschiebt und die am Fisch und am Vogel die Atmungsorgane in einer besonderen Art gestaltet. Diese Elemente sprechen mir durch Fisch und Vogel ihre besondere Eigentümlichkeit aus. Denken Sie sich, wie alles innerlich auf diese Weise reich wird, und wie alles innerlich verarmt wird, wenn man nur auf materielle Art von der Natur, die uns umgibt, spricht.

Von der Menschenschuld-ausgleichenden Wirkung der Vögel

Aber erinnern wir uns daran, daß ja die Substanzen, die in Betracht kommen für das Weltendasein, zweierlei sind. Wir haben es zu tun mit den rein stofflichen Substanzen der Erde, und wir haben es zu tun mit den geistigen Substanzen, und ich habe Ihnen gesagt, daß das Merkwürdige darinnen besteht, daß der Mensch in bezug auf seinen Stoffwechsel-Gliedmaßenorganismus die geistige Substanz zugrundeliegend hat, während seinem Haupte, seinem Kopfe die physische Substanz zugrunde liegt. In der unteren Natur des Menschen wird die geistige Substanz durchdrungen mit physischer Kraftwirkung, mit Schwerewirkung, mit den anderen irdischen Kraftwirkungen. Im Haupte wird die irdische Substanz, die durch den ganzen Stoffwechsel, die Zirkulation, die Nerventätigkeit und so weiter hinaufgeschafft wird in das Haupt des Menschen, durchdrungen von übersinnlichen geistigen Kräften, die sich widerspiegeln in unserem Denken, in unserem Vorstellen. So daß wir also im Haupte des Menschen vergeistigte physische Materie haben, und daß wir im Stoffwechsel-Gliedmaßensystem verirdischte – wenn ich das Wort bilden darf –, verirdischte geistig-spirituelle Substantialität haben.

Nun, diese vergeistigte Materie haben wir vor allen Dingen beim Schmetterlingswesen. Indem das Schmetterlingswesen überhaupt im Bereich des Sonnendaseins bleibt, bemächtigt es sich der irdischen Materie, ich möchte sagen – es ist natürlich noch bildlich gesprochen – nur wie im feinsten Staub. Der Schmetterling eignet sich die irdische Materie an nur wie im feinsten Staub. Er verschafft sich auch seine Nahrung aus denjenigen Substanzen der Erde, welche sonnendurcharbeitet sind. Er vereinigt mit seiner eigenen Wesenheit nur, was sonnendurcharbeitet ist; er entnimmt schon allem Irdischen das Feinste sozusagen und treibt es bis zur vollständigsten Vergeistigung. In der Tat hat man, wenn man den Schmetterlingsflügel ins Auge faßt, im Grunde die vergeistigteste Erdenmaterie vor sich. Dadurch, daß die Materie des Schmetterlingsflügels farbdurchdrungen ist, ist sie die vergeistigteste Erdenmaterie.

Der Schmetterling ist eigentlich diejenige Wesenheit, die ganz in vergeistigter Erdenmaterie lebt. Man kann es sogar geistig sehen, wie der Schmetterling seinen Körper, den er inmitten seiner Farbflügel hat, in einer gewissen Weise verachtet, weil seine ganze Aufmerksamkeit, sein ganzes Gruppenseelentum eigentlich im freudigen Genießen seiner Flügelfarben ruht.

Ebenso wie man dem Schmetterling folgen kann in der Bewunderung seiner schillernden Farben, kann man ihm folgen in der Bewunderung der flatternden Freude über diese Farben. Das ist etwas, was im Grunde genommen bei den Kindern schon kultiviert werden sollte, diese Freude an der Geistigkeit, die herumflattert in der Luft, und die eigentlich flatternde Freude ist, Freude am Farbenspiel. In dieser Beziehung nuanciert sich das Schmetterlingsmäßige in einer ganz wunderbaren Weise. Und dem allem liegt dann etwas anderes zugrunde.

Wir konnten vom Vogel, den wir im Adler repräsentiert fanden, sagen, daß er bei seinem Tode die vergeistigte Erdensubstanz in die geistige Welt hineintragen kann, daß er dadurch seine Aufgabe im kosmischen Dasein hat, daß er als Vogel die Erdenmaterie vergeistigt und dasjenige tun kann, was der Mensch nicht tun kann. Der Mensch hat in seinem Kopfe auch die Erdenmaterie bis zu einem gewissen Grade vergeistigt, aber er kann diese Erdenmaterie nicht hineinnehmen in die Welt, die er durchlebt zwischen dem Tode und einer neuen Geburt, denn er würde fortwährend einen unsäglichen, nicht erträglichen, zerstörenden Schmerz aushalten müssen, wenn er diese vergeistigte Erdenmaterie seines Kopfes hineintragen wollte in die geistige Welt.

Die Vogelwelt, durch den Adler repräsentiert, kann das, so daß in der Tat dadurch ein Zusammenhang geschaffen wird zwischen dem, was irdisch ist, und dem, was außerirdisch ist. Die irdische Materie wird zunächst gewissermaßen langsam in den Geist übergeführt, und das Vogelgeschlecht hat die Aufgabe, diese vergeistigte irdische Materie dem Weltenall zu übergeben. Man wird schon sagen können, wenn einmal die Erde am Ende ihres Daseins angekommen ist: diese Erdenmaterie ist vergeistigt worden, und das Vogelgeschlecht war da innerhalb der ganzen Ökonomie des Erdendaseins, um die vergeistigte Erdenmaterie in das Geisterland zurückzutragen.

Mit den Schmetterlingen ist es noch etwas anderes. Der Schmetterling vergeistigt noch mehr die irdische Materie als der Vogel. Der Vogel kommt immerhin dazu, viel näher der Erde zu stehen als der Schmetterling. [...] Aber der Schmetterling ist imstande, dadurch, daß er eben die Sonnenregion gar nicht verläßt, seine Materie so weit zu vergeistigen, daß er nun nicht erst bei seinem Tode, wie der Vogel, sondern schon während seines Lebens fortwährend vergeistigte Materie an die Erdenumgebung, an die kosmische Erdenumgebung abgibt.

Denken Sie einmal, wie das eigentlich ein Großartiges ist in der ganzen kosmischen Ökonomie, wenn wir uns vorstellen können: die Erde, durchflattert von der Schmetterlingswelt in der mannigfaltigsten Weise und fortwährend in den Weltenraum hinausströmend vergeistigte Erdenmaterie, die die Schmetterlingswelt an den Kosmos abgibt! So daß wir also diese Region der Schmetterlingswelt um die Erde herum durch eine solche Erkenntnis mit noch ganz anderen Gefühlen betrachten können.

Wir können hineinschauen in diese flatternde Welt und können uns sagen: Ihr Flattertiere, ihr strahlt sogar Besseres als das Sonnenlicht, ihr strahlet Geistlicht in den Kosmos hinaus! – Das Geistige wird ja von unserer materialistischen Wissenschaft wenig berücksichtigt. Und so hat eigentlich diese materialistische Wissenschaft gar keine Handhabe, um auf diese Dinge, die zum Ganzen der Weltökonomie gehören, auch nur irgendwie zu kommen. Aber sie sind ja da, wie die physischen Wirkungen da sind, und sie sind wesentlicher als die physischen Wirkungen. Denn das, was da hinausstrahlt in das Geisterland, das wird fortwirken, wenn die Erde längst zugrunde gegangen ist; das, was heute der Physiker, der Chemiker konstatiert, das wird seinen Abschluß finden mit dem Erdendasein. So daß also, wenn irgendein Beobachter draußen im Kosmos säße und eine lange Zeit zur Beobachtung hätte, er sehen würde, wie etwas wie eine kontinuierliche Ausstrahlung von Geistmaterie in das Geisterland, von geistig gewordener Materie in das Geisterland stattfindet, wie die Erde ihr eigenes Wesen hinaus in den Weltenraum, in den Kosmos ausstrahlt, und wie, sprühenden Funken gleich, immerfort aufleuchtenden Funken, das, was das Vogelgeschlecht, jeder Vogel nach seinem Tode, aufglänzen läßt, in dieses Weltenall nunmehr strahlenförmig hinausgeht: ein Glimmern von Schmetterlingsgeisteslicht und ein Sprühen von Vogelgeisteslicht!

Gehen wir nun herein von diesem Schmetterlingsgürtel, wenn ich so sagen darf, der die Erde umgürtet, noch einmal zu dem Vogelgeschlechte. Wenn wir uns das, was wir schon wissen, vorstellen, so haben wir drei aneinandergrenzende Regionen. Ober demselben sind andere Regionen, unter demselben wieder andere Regionen. Wir haben den Lichtäther, wir haben den Wärmeäther, der aber eigentlich zwei Teile hat, zwei Schichten; die eine ist die irdische Wärmeschicht, die andere ist die kosmische Wärmeschicht, und die spielen fortwährend ineinander. Wir haben in der Tat nicht einerlei, sondern zweierlei Wärme, diejenige Wärme, die eigentlich irdischen, tellurischen Ursprungs ist, und solche, die kosmischen Ursprungs ist. Die spielen fortwährend ineinander. Dann haben wir angrenzend an den Wärmeäther die Luft. Dann kämen Wasser und Erde, und oben käme chemischer Äther, Lebensäther.

Wenn wir nun das Schmetterlingsgeschlecht nehmen, so gehört es vorzugsweise dem Lichtäther an, und der Lichtäther selber ist das Mittel, in dem die Leuchtekraft hervorholt aus dem Schmetterlingsei die Raupe; die Leuchtekraft im wesentlichen holt das hervor. Das ist schon nicht so beim Vogelgeschlecht. Die Vögel legen ihre Eier. Die müssen nun von Wärme ausgebrütet werden. Das Schmetterlingsei wird einfach der Sonnennatur überlassen; das Vogelei kommt in die Region der Wärme. In der Region des Wärmeäthers ist der Vogel vorhanden, und er überwindet eigentlich das, was bloße Luft ist.

Anders liegt die Sache für die Sylphen. Für die Sylphen ist die Sache so, daß sie auch in einer gewissen Weise die Ergänzung bilden von gewissen Tierwesen, aber jetzt nach der anderen Seite hin. Man möchte sagen: Gnomen und Undinen fügen das Kopfmäßige zu denjenigen Tieren hinzu, die des Kopfes entbehren. Die Vögel sind nun, wie ich Ihnen dargestellt habe, eigentlich reiner Kopf; sie sind ganz Kopforganisation. Die Sylphen fügen hinzu zu dem Vogel auf geistige Art, was ihm gewissermaßen als die körperliche Ergänzung der Kopforganisation fehlt. Sie sind also die Ergänzung des Vogelgeschlechts nach demjenigen Gebiete der Organisation, das beim Menschen das Stoffwechsel-Gliedmaßensystem ist. Fliegen die Vögel mit verkümmerten Beinen in der Luft herum, so haben um so mehr die Sylphen mächtig ausgebildete Gliedmaßen, und sie stellen auf geistige Art, ich möchte sagen das in den Lüften dar, was die Kuh unten in der physischen Materie darstellt. Daher konnte ich gestern sagen, die Sylphen haben an dem Vogelgeschlechte ihr Ich, das, was sie mit der Erde verbindet. Der Mensch bekommt auf der Erde sein Ich. Was die Sylphen mit der Erde verbindet, das ist das Vogelgeschlecht. Dem Vogelgeschlechte verdanken sie ihr Ich, wenigstens das Bewußtsein ihres Ich.

Wenn wir dann zu den Feuerwesen kommen, dann ist es bei den Feuerwesen so, daß sie die Ergänzung bilden zu der flüchtigen Schmetterlingsnatur. Der Schmetterling entwickelt sozusagen selber so wenig wie möglich von seinem physischen Leibe, von dem eigentlich physischen Leibe; er läßt ihn ja so dünn sein wie nur möglich; dagegen ist er ein Lichtwesen. Die Feuerwesen stellen sich heraus als Wesen, welche den Schmetterlingsleib ergänzen, so daß man den folgenden Eindruck bekommen kann. Wenn man auf der einen Seite einen physischen Schmetterling sieht und ihn sich entsprechend vergrößert denkt, und auf der anderen Seite ein Feuerwesen – zusammen sind ja diese Wesen selten, nur in den Fällen, die ich Ihnen gestern angeführt habe –, dann hat man das Gefühl, wenn man diese zueinanderbackt, dann bekommt man eigentlich so etwas wie einen geflügelten Menschen, wirklich einen geflügelten Menschen. Man muß nur den Schmetterling entsprechend vergrößern und die Feuerwesen dem Größenmaß des Menschen angepaßt finden, dann bekommt man so etwas wie einen geflügelten Menschen daraus.

Das zeigt Ihnen wiederum, wie die Feuerwesen eigentlich die Ergänzung dieser ja dem Geistigen am nächsten stehenden Tierwesen sind; sie sind sozusagen die Ergänzung nach unten hin. Gnomen und Undinen sind die Ergänzung nach oben hin, nach der Kopfseite; Sylphen und Feuerwesen sind die Ergänzung von Vögeln und Schmetterlingen nach unten hin. Also die Feuerwesen muß man mit den Schmetterlingen zusammenbringen.

Und gehen wir zu den Sylphen. Wir finden ja im Laufe des Jahres die ersterbenden Vögel. Ich habe Ihnen dargestellt, wie diese ersterbenden Vögel ihre vergeistigte Substanz haben, wie sie diese geistige Substanz übergeben wollen den höheren Welten, damit sie von der Erde hinaufkommt. Aber da bedarf es der Vermittler. Diese Vermittler sind die Sylphen. Es ist so, daß in der Tat durch die sterbende Vogelwelt sich die Luft fortwährend anfüllt mit Astralität, mit einer niedrigeren Astralität, aber mit Astralität eben, mit astralischer Substanz. In dieser astralischen Substanz, ich kann nicht sagen flattern, ich möchte sagen, wenn das Wort nicht häßlich klingen würde, verschweben, es verschweben die Sylphen. Sie nehmen auf, was aus der sterbenden Vogelwelt kommt, tragen es wiederum sehnsüchtig in die Höhe und wollen veratmet sein von den

Wesenheiten der höheren Hierarchien. Sie bieten sich als dasjenige an, was Atmungswesen der höheren Hierarchien ist. Wiederum ein grandioses Schauspiel! Indem man die Vogelwelt ersterben sieht, geht diese astralische, innerlich erglänzende Substanz in die Luft über. Die Sylphen zukken wie blaue Blitze durch die Luft, und in ihre blauen Blitze herein, zuerst ergrünend und dann errötend, nehmen sie auf diese Astralität, die von der Vogelwelt kommt, und huschen wie nach aufwärts zuckende Blitze hinauf. Verfolgt man das bis außerhalb des Raumes, so werden sie dasjenige, was veratmet wird von den Wesenheiten der höheren Hierarchien.

So daß man sagen kann: die Gnomen tragen eine Welt in die andere hinüber ihrer Struktur nach. Sie gehen gewissermaßen – das ist aber nur vergleichsweise gesagt – horizontal mit der Evolution weiter. Die anderen Wesenheiten, die Undinen, die Sylphen tragen hinauf dasjenige, was sie als Seligkeit empfinden im eigenen Ersterben, im Genossenwerden, im Eratmetwerden. Da leben sie dann in den höheren Hierarchien weiter; darin empfinden sie ihre Ewigkeit.

Für die Sylphen ist das Astralische der Luft, das aus der sterbenden Vogelwelt kommt, dasjenige, wovon sie mehr zuckende Blitze werden, als sie schon gewesen sind; sie sind sonst matte, bläuliche Blitze, die Sylphen.

Vögel und Schmetterlinge – Sinnesorgane des Himmels

Zu den obigen Darstellungen Rudolf Steiners, wie die Tierwelt mit Hilfe der Elementarwesen die vom Menschen verursachte Schuld gegenüber der Erde ausgleicht, finden sich folgende Notizbucheintragungen von ihm:

Durch die Schmetterlinge
und Vögel schaut der Himmel
die Erde an – sie vermitteln
die Erkenntnis der Erde

Durch die «geschlossenen Tiere» –
drückt sich der «Wille» der Erde
aus –

Diese Zeilen können ein Verständnisschlüssel sein. Die Tierwelt lebt noch tief verbunden mit und eingebettet in der Welt der Wesen, von denen sie hervorgebracht wird. Tiere vermitteln daher ihre Erlebnisse nicht einem eigenen, selbständigen Innerseelischem, zu dem das Einzeltierwesen etwa «Ich» sagen könnte. Vielmehr vermitteln sie offenbar ihre Erfahrungen der geistigen Welt – ähnlich dem, wie unsere Sinne unserem seelisch-geistigen Wesen zu Dienste stehen und ihm die Welt vermitteln.

Das Erleben der Welt durch den Vogel ist ein anderes als durch die Kuh. Das Welterleben der Vögel gleicht seiner Qualität nach unserem Denk- bzw. Erkenntnispol – «sie vermitteln die Erkenntnis der Erde».

Das Erleben der Welt durch die Kuh gleicht der Art und Weise, in der wir durch unseren Gliedmaßen-Stoffwechsel-Pol der Welt begegnen. Hier machen wir konkrete Widerstands- und Erdenerfahrungen.

Der Vogel vermittelt der geistigen Welt, dem Himmel, das Erlebnis der Erkenntnis, des Denkens. Die Kuh vermittelt der geistigen Welt das Erlebnis irdischen Willens.

Weil aber der Mensch in seinem jetzigen Entwicklungszustand eine Konstitution hat, die sich vom Kosmos, von der geistigen Welt, emanzipiert, die ihn sozusagen abstrakt, abgesondert macht, behält er zunächst seine Erfahrungen für die Entwicklung seiner eigenen Individualität. Das menschliche Denken durchsetzt die Kopfsubstanz mit seinen zur Absonderung neigenden geistigen Kräften. Das, was daraus entsteht, steht im Gegensatz zur Substanz der Erde, die letztlich noch in den Gesamt-Kosmos eingebettet ist. Indem der Mensch mit seinem Tod seinen Kopf der Erde hinterläßt, hinterläßt er ein Erbe, das wie ein abgekapselter Fremdkörper im Leib der Erde steckt. Der Mensch aber muß diese Substanz zurücklassen, weil sie ihn sonst daran hindern würde, den zum Nachtodlichen gehörenden Schritt der «Wiedervereinigung» mit der geistigen Welt vollziehen zu können.

In seinem Willenspol aber ist der Mensch nicht abstrakt. Er lebt hier noch mitten in der geistigen Welt. Im Willenspol gibt sich die objektive Geistigkeit den irdischen Kräften hin. Diese geistige Substanz braucht die Erde, damit sie nicht in der eigenen Verfestigung erstarrt und sich schließlich ganz vom Kosmos (als eine Art Dauer-Winter-Erde) isolieren würde. Wie belebend diese Substanz ist, zeigt ja gerade die unübersehbare Wirkung des Dungs der Kühe, die den Willenspol «verkörpern». Der Mensch hingegen überläßt gerade diese aus der Hingabe an die Welt gewonnene geistige Substanz nicht der Erde. Er benötigt die Erfahrung irdischen Willens in seiner geistigen Substanz, um dadurch im Nachtodlichen die Gestalt seiner nächsten Inkarnation vorbereiten zu können.

Der Mensch wird in seiner gegenwärtigen Konstitution – Rudolf Steiner weist explizit darauf hin, daß sich diese Verhältnisse gegen Ende der Erdenperiode ändern werden – tatsächlich zum Schuldner gegenüber der Erde, und die Tiere legen mit ihrem Sein und Wirken einen Weltenausgleich auf die andere Waagschale. Wie als Signum und Idealbild, als Aufgabe unserer Zeit zugleich steigt damit das Bild des von Tieren umgebenen Menschen auf: Der Mensch inmitten von Adler, Löwe und Kuh. Bereits ein flüchtiger Blick in die Gegenwartskultur genügt, um zu bemerken, wie sehr die Weichen unserer Zeit in andere Richtungen gestellt werden. Andererseits wird um so deutlicher, wie gerade landwirtschaftliche Arbeit, die wesensorientierte Arbeit mit und an der Natur – also die Willensarbeit an der Erde –, in sich das Potential dieses Idealbilds trägt.

Auch sollte derweil deutlich geworden sein, daß die Erde ein lebendiger Organismus ist. Die verschiedenen Tiergruppen sind verschiedene Aspekte der Erdenseele: ihr Denken, Fühlen und Wollen. Und sie binden zugleich die Erde an den Kosmos an. Welche Dimensionen gewinnen vor diesem Hintergrund Fragen nach den Konsequenzen dessen, daß immer mehr Tierarten aussterben, nach den Folgen unseres Umgangs mit den Tieren ... aber auch den Wirkungen, die eintreten, wenn uns ein Jahr einmal einen Sommer beschert, der ganz besonders reich an singenden und umherfliegenden Vögeln und vielfarbigen Schmetterlingen ist!

Da findet jene Verschwisterung statt zwischen dem, was in der menschlichen Seele lebt und dem, was draußen im Raume ausgebreitet ist. Und nur dadurch finden wir uns wirklich mit der Wahrheit der Welt zusammen, daß wir, indem wir mit der Welt verkehren, immer auf die Wahrheit stoßen, daß wir nicht die Wahrheit einfach von vornherein in uns tragen wollen, an einer Sonnenuhr vorbeigehend wie an einem Pflug und dergleichen, sondern daß wir, indem wir die Dinge anschauen, zugleich belehrt werden über das Höchste, das Größte, das in der menschlichen Seele aufleuchten kann. Dieses Zusammenleben mit der äußeren Wirklichkeit, mit dem, was im Raume ausgebreitet ist, dieses Im-rechten-Augenblicke-sich-dem-Ewigen-Gegenüberfühlen, das ist noch etwas ganz anderes, als aus einem Buche zu lernen, dieses oder jenes gehöre zu den ewigen Wahrheiten. Wir können noch so oft uns im abstrakten Sinne einprägen, das Menschenleben sei ein Schatten desjenigen, was in den Ewigkeiten mit dem Menschen geschieht, wir können uns noch so viele schöne, ethische Wahrheiten einprägen über den Gebrauch der Zeit: So tief werden sie nicht sitzen, wie wenn wir das rechte Verhältnis finden zwischen uns und der äußeren Wirklichkeit. Dann wird uns an der einzelnen konkreten Tatsache ein Bedeutsames entgegentreten. Das heißt das Gleichgewicht finden im Leben, das uns nicht werden kann, wenn wir uns an die Außenwelt verlieren, und uns nicht werden kann, wenn wir uns nur in unser Inneres vertiefen. Mystik ist einseitig, ist luziferisch; Naturwissenschaft ist einseitig, ist ahrimanisch. Aber Mystik, entwickelt am Äußeren, an der äußeren Naturbetrachtung, Naturbeobachtung vertieft zur Mystik: Das ist das Gleichgewicht!

Quellenverzeichnis

Erwähnte Bände der Rudolf Steiner Gesamtausgabe (GA),
Rudolf Steiner Verlag, Dornach:

1 Einleitungen zu Goethes Naturwissenschaftlichen Schriften
53 Ursprung und Ziel des Menschen
54 Die Welträtsel und die Anthroposophie
92 Die okkulten Wahrheiten alter Mythen und Sagen
98 Natur und Geistwesen – ihr Wirken in unserer sichtbaren Welt
99 Die Theosophie des Rosenkreuzers
100 Menschheitsentwickelung und Christus-Erkenntnis
101 Mythen und Sagen. Okkulte Zeichen und Symbole
102 Das Hereinwirken geistiger Wesenheiten in den Menschen
121 Die Mission einzelner Volksseelen
129 Weltenwunder, Seelenprüfungen und Geistesoffenbarungen
156 Okkultes Lesen und okkultes Hören
164 Der Wert des Denkens für eine den Menschen befriedigende Erkenntnis
169 Weltwesen und Ichheit
205 Menschenwerden, Weltenseele und Weltengeist – Erster Teil
206 Menschenwerden, Weltenseele und Weltengeist – Zweiter Teil
212 Menschliches Seelenleben und Geistesstreben im Zusammenhange mit Welt- und Erdenentwickelung
217a Die Erkenntnis-Aufgabe der Jugend
220 Lebendiges Naturerkennen. Intellektueller Sündenfall und spirituelle Sündenerhebung
223 Der Jahreskreislauf als Atmungsvorgang der Erde und die vier großen Festeszeiten
229 Das Miterleben des Jahreslaufes in vier kosmischen Imaginationen

230 Der Mensch als Zusammenklang des schaffenden, bildenden und gestaltenden Weltenwortes

277 Eurythmie – Die Offenbarung der sprechenden Seele

282 Sprachgestaltung und Dramatische Kunst (zusammen mit Marie Steiner-von Sivers)

308 Die Methodik des Lehrens und die Lebensbedingungen des Erziehens

316 Meditative Betrachtungen und Anleitungen zur Vertiefung der Heilkunst

327 Geisteswissenschaftliche Grundlagen zum Gedeihen der Landwirtschaft

347 Die Erkenntnis des Menschenwesens nach Leib, Seele und Geist. Über frühe Erdzustände

348 Über Gesundheit und Krankheit. Grundlagen einer geisteswissenschaftlichen Sinneslehre

349 Vom Leben des Menschen und der Erde. Über das Wesen des Christentums

352 Natur und Mensch in geisteswissenschaftlicher Betrachtung

354 Die Schöpfung der Welt und des Menschen. Erdenleben und Sternenwirken

Nachweise

Seite

7 *Denn das, was uns in anthroposophischer Geisteswissenschaft:* Vortrag 20. Januar 1923, GA 220, S. 125.

9 *Der Vogel ist im Ganzen eigentlich ein Kopf:* Vortrag 27. Oktober 1923, GA 230, S. 88.

10 *Wie wir beim Menschen:* Vortrag 25. Mai 1907, GA 99, S. 28 f.

11 *Und darauf habe ich:* Vortrag 19. Oktober 1923, GA 230, S. 11 f.

12 *Nicht nur logisch muß man den Menschen:* A. a. O., S. 27.

Der Mensch muß die Dinge: GA 1, Kap. XVIII: «Goethes Weltanschauung in seinen ‹Sprüchen in Prosa›», S. 335–337.

13 *Die menschliche Innenwelt:* A. a. O., S. 333.

Und hat man [...] den Menschen selber: Vortrag 10. April 1924 abends, GA 308, S. 69. f.

15 *Wie es naheliegt, das menschliche Antlitz:* Vortrag 5. Oktober 1914, GA 156, S. 60 f.

18 *Schmetterling: Saturn:; Kopf:* Vortrag 28. Oktober 1923, GA 230, S. 97.

19 *Es ist in unseren Betrachtungen öfter gesagt worden:* Vortrag 19. Oktober 1923, a. a. O., S. 11–20.

31 *Im menschlichen Haupte haben wir:* A. a. O., S. 24 f.

32 *Sie können mit Abstraktionen:* A. a. O., S. 27.

33 *Der Schmetterling fliegt auch in der Luft:* Vortrag 27. Oktober 1923, a. a. O., S. 81–91.

43 *Zu irgend etwas Gutem oder zu irgend etwas Bösem:* A. a. O., S. 91.

44 *Wenn wir uns heute von der äußeren Wissenschaft:* Vortrag 28. Oktober 1923, a. a. O., S. 92–96, 97.

50 *Wenn Sie die Schmetterlinge und die Vögel ansehen:* A. a. O., S. 98–100.

53 *Sehen Sie, wenn der Mensch sich anschickt:* A. a. O., S. 100 f.

54 *Aber geradeso wie der Schmetterling:* A. a. O., S. 102 f.

56 *Der Vogel hat eine lange planetarische Geschichte:* Vortrag 19. Oktober 1923, a. a. O., S. 13–15.

59 *Es gibt eigentlich für ein richtiges Naturgefühl:* A. a. O., S. 15.

Richten wir einmal den Blick hinauf: Vortrag 20. Oktober 1923, a. a. O., S. 28.

60 *Wir sprachen von dem Adler:* Vortrag 21. Oktober 1923, a. a. O., S. 51.

61 *Der Adler verdaut wie jeder Vogel:* A. a. O., S. 52.

wenn Rudolf Steiner die Feder mit dem menschlichen Gedanken ... gleichsetzt: Vortrag 19. Oktober 1923, a. a. O., S. 14 f., 12 f.

wenn er die Feder sogar als ein Real-Bild des Ich auffaßt: Für diese Ausführungen siehe Hans-Christian Zehnter: Hat das Christentum das Wesen der Vögel schon erreicht?» In: *Die Christengemeinschaft* Nr. 2/2003: S. 77–82.

Geradeso wie der Mensch ist ja natürlich auch das Vogelgeschlecht: Vortrag 16. Juli 1911, GA 205, S. 209–218.

70 *Unser Ich ist für das gewöhnliche Bewußtsein:* A. a. O., S. 219 f.

72 *Worin lebt das Ich des Menschen?:* A. a. O., S. 224 f.

74 *Im Laufe der atlantischen Zeit:* Vortrag 26. August 1921, GA 129, S. 186 f.

76 *Wenn Sie das ganz anders Geartete der Vogelwelt:* A. a. O., S. 187 f.

78 *Realitäten entstehen überhaupt niemals durch das:* Vortrag 20. Januar 1923, GA 220, S. 132 f.

79 *Nun, diese Fleischmasse, die da vorhanden war:* Vortrag 3. Juli 1924, GA 354, S. 34–36.

82 *Das, was vom Menschen nach dem Tode übrig bleibt:* Vortrag 30. April 1922, GA 212, S. 34.

84 *Dann stellen Sie sich einmal lebendig:* Vortrag 7. Oktober 1923, GA 229, S. 52.

85 *Nun, wenn wir draußen den toten Stein anschauen:* Vortrag 30. Juni 1924, GA 354, S. 12 f.

86 *So wie wir zurückgehen müssen beim Leichnam:* A. a. O., S. 13.

86 *Sehen Sie, was liegt nun allem zugrunde:* A. a. O., S. 15 f.

88 *Nun, das erste, was eingetreten ist:* A. a. O., S. 16–19.

91 *Nun, sehen Sie, aus alledem:* A. a. O., S. 22–24.

93 *So muß man eigentlich die Dinge:* A. a. O., S. 25–27.

96 *Also kurz, es war ein ganz merkwürdiger Schlamm:* Vortrag 20. September 1922, GA 347, S. 118 f.

97 *Nun, aus dem Zustand ist ein anderer:* A. a. O., S. 119 f.

99 *Das war so der Zustand:* A. a. O., S. 123 f.

100 *Aber ich sagte, Sie werden denken:* A. a. O., S. 124 f.

101 *Ich habe Ihnen schon gesagt:* A. a. O., S. 129 f.

103 *Und so kann man also sagen:* A. a. O., S. 131.

104 *Daß nun aus dem Ei des Vogels:* Vortrag 23. April 1924, GA 316, S. 174–176.

106 *Ich habe vorhin schon gesagt:* Vortrag 1. Juni 1908, GA 102, S. 197 f.

107 *Sehen Sie, wenn wir die Tierwelt überblicken:* Vortrag 19. September 1915, GA 164, S. 64–67.

110 *In dem zweiten Zustande hatte der Mensch:* Vortrag 9. Februar 1905, GA 53, S. 221 f.

112 *Das materialistische Bewußtsein kann:* Vortrag 7. Juni 1910, GA 121, S. 26. Siehe auch Kap. V.

113 *Aber es gibt andere Wesen:* Vortrag 21. Oktober 1907, GA 101, S. 59 f.

115 *um nur einige markante Beispiele zu nennen:* Vgl. Gernot Böhme: *Atmosphären – Essays zur neuen Ästhetik*. Frankfurt/M. 1995.

116 *Wenn wir uns nun hineinfinden wollen:* Vortrag 26. Dezember 1907, GA 101, S. 198 f.

117 *Das Tier-Ich, das wir ein Gruppen-Ich nennen:* Vortrag 13. Dezember 1907, a. a. O., S. 266 f.

118 *Sie alle kennen den Vogelflug:* Vortrag 4. Dezember 1907, GA 98, S. 145.

119 *Fortwährend umkreisen diese tierischen Gruppen-Iche:* Vortrag 7. Dezember 1907, a. a. O., S. 152.

Als Beispiel will ich Ihnen unter vielen: Vortrag 1. Dezember 1907, a. a. O., S. 117 f.

120 *Jener Mond drehte sich um die Sonne so herum:* Vortrag 24. Juni 1907, GA 100, S. 130 f.

121 *Man wird mit anderen Sinnen die Welt betrachten:* Vortrag 21. Oktober 1907, GA 101, 61 f.

122 *Warum ist es denn überhaupt so:* Vortrag 9. Februar 1924, GA 352, S. 84 f.

124 *Wenn wir dieses nun wissen:* A. a. O., S. 87.

Eine ganz merkwürdige Ausnahme aber macht der Lachs: A. a. O., S. 88 f.

127 *Und die Erde selber, was tut die?:* A. a. O., S. 94.

Während des Nordsommers lebt sie zur Zeit des Polartages: Friedrich Kipp: «Über den Vogelzug», in: *Sternenkalender* Nr. 21, 1949, S. 58–62.

128 *Im Sommerhalbjahr aber breiten sie sich zur «Selbstdarstellung»:* Vgl. Adolf Portmann: *Vom Wunder des Vogellebens*. München, Zürich 1984.

Jährlich wird dieser Rhythmus von schätzungsweise: Vgl. Walther Streffer: *Wunder des Vogelzuges*, Stuttgart 2005, S. 186.

129 *Ja, über den Vogelzug im Herbst:* Vortrag 17. Februar 1923, GA 349, S. 24 f.

130 *Es geht ja fortwährend der Atem durch die Nase:* Vortrag 20. Dezember 1922, GA 348, S. 132–134.

133 *Wir Menschen möchten eigentlich fortwährend fliegen:* A. a. O., S. 135 f.

134 *Wir haben aber jetzt gesehen:* A. a. O., S. 136.

137 *oder er wird einer strukturell-funktionellen Analyse unterzogen:* Siehe: Donald Kroodsma: *The Singing Life of Birds*. New York 2005.

Ertönen von Stimmen am Morgen für Mensch und Erde: Vgl. Hans-Christian Zehnter: «Vom Zauber des Vogelgesangs». In: *Das Goetheanum*, Nr. 46/2003.

nicht aber die Wissenschaft: Vgl: David Rothenberg: *Why Birds sing – A Journey Into The Mystery Of Bird Song*. New York 2005.

138 *«Ich singe» singt noch nicht aus dir:* Aus Christian Morgen-

sterns Gedicht «Im Baum, du liebes Vöglein dort», in: *Wir fanden einen Pfad.*

138 *Da sollte der physische Menschenleib:* Vortrag 19. Mai 1908, GA 103, S. 38.

139 *In der Sprache erfaßt der Mensch:* Marie Steiner-von Sivers: «Schöpferische Sprache», 1926. Zit. n. GA 282, S. 386 f.

140 *Solange aber eine Stimme nur Ton ist:* Marie Steiner-von Sivers: «Aus Notizbüchern», GA 280, S. 129

Und gehen Sie dann über zu dem: Vortrag 5. September 1924, GA 282, S. 251 f.

141 *Ja, Sie haben noch die natürlichste Empfindung:* A. a. O., S. 252.

Wer intuitives Auffassungsvermögen hat: Einführung zu den Eurythmie-Aufführungen «Natur-Impressionen» vom 17. und 18. Januar 1920, GA 277, S. 132.

142 *Daher ist es ein so Großes:* Vortrag 19. August 1921, GA 206, S. 180.

143 *Die Siegfried-Gestalt ist ja zunächst:* Vortrag 22. März 1906, GA 54, S. 415 f.

145 *Nicht zufällig, sondern aus tiefster Weisheit heraus:* A. a. O., S. 425–427.

146 *Er [Siegfried] hat den Lindwurm getötet:* Vortrag vom 12. Mai 1905, GA 92, S. 127.

Wenn man so das Wort «Wandervogel» hört: Ansprache 17. Juni 1924, GA 217a, S. 175 f.

147 *Wenn Sie im Frühling oder Herbst:* Vortrag 2. November 1923, GA 230, S. 118 f.

149 *Und so leuchtete zum Johannifest:* Vortrag 7. April 1923, GA 223, S. 59–62.

154 *Heute, in der materialistischen Zeit:* Vortrag 15. Juni 1924, GA 327, S. 178 f.

Ja wir müssen sogar verstehen: A. a. O., S. 179.

156 *sondern es ist so, daß, während das Tier:* A. a. O., S. 193.

157 *Und dann findet man, daß die Vogelwelt: :* A. a. O., S. 188 f.

158 *Die Tiere sind ja nicht so töricht wie die Menschen:* A. a. O., S. 189.

158 *Nimmt man dieses Fluggetier weg:* A. a. O., S. 186.

159 *Und dann findet man:* A. a. O., S. 188.

Die Pflanze gibt, das Tier nimmt: A. a. O., S. 193.

Das Lied, das aus der [Vogel-]Kehle: Vortrag 7. April 1923, GA 223, S. 62.

160 Damit will ich nur sagen, daß es Wesen gibt: Vortrag 20. Januar 1923, GA 220, S. 120 f.

161 *Und ich schaue den Vogel an:* A. a. O., S. 123–125.

163 *Aber erinnern wir uns daran, daß ja die Substanzen:* Vortrag 27. Oktober 1923, GA 230, S. 77–80.

167 *Gehen wir nun herein von diesem Schmetterlingsgürtel:* A. a. O., S. 81.

168 *Anders liegt die Sache für die Sylphen:* Vortrag 3. November 1923, a. a. O., S. 133.

Wenn wir dann zu den Feuerwesen kommen: A. a. O., S. 134.

169 *Und gehen wir zu den Sylphen:* Vortrag 4. November 1923, a. a. O., S. 148 f.

170 *Für die Sylphen ist das Astralische:* A. a. O., S. 150.

171 *Durch die Schmetterlinge:* Notizbucheintragungen Rudolf Steiners zum Vortrag 27. Oktober 1923, in: *Beiträge zur Rudolf Steiner Gesamtausgabe* Nr. 40, Rudolf Steiner Verlag, Dornach 1972, S. 14.

173 *Da findet jene Verschwisterung statt:* Vortrag 4. Juli 1916, GA 169, S. 110.

In gleicher Ausstattung:

Rudolf Steiner
Die Welt der Elementarwesen

Ausgewählte Texte, herausgegeben und kommentiert von
Almut Bockemühl

Die Textsammlung gliedert sich in folgende Hauptkapitel:

I. Das Gestalten imaginativer Bilder

II. Verzauberung und Erlösung von Elementarwesen

III. Sind Elementarwesen gut oder böse? Die Verantwortlichkeit des Menschen

IV. Die Welt moralisch erleben – eine Annäherung an Elemente und Äther

V. Zur Methode einer zeitgemäßen geistigen Wahrnehmung

2. Auflage, 300 Seiten, kartoniert. ISBN 978-3-7274-5371-7

Rudolf Steiner
Die Welt der Märchen

Ausgewählte Texte, herausgegeben und kommentiert von
Almut Bockemühl

In diesem Studienband stellt Almut Bockemühl die Vorträge Steiners über Märchen sowie weitere Texte aus seinem Gesamtwerk zu diesem Thema zusammen, jeweils eingeführt und hilfreich gegliedert nach ihren ganz unterschiedlichen Aspekten. Im Anhang werden die Märchen abgedruckt, über die Rudolf Steiner in seinen Vorträgen sprach.

272 Seiten, kartoniert. ISBN 978-3-7274-5373-1

RUDOLF STEINER VERLAG